춤추는 인간

방황하는 사람들을 위한 의미의 세계

춤추는 인간

초판 1쇄 발행   2025년 10월 31일

지은이   김대호
펴낸이   서재필

펴낸곳   마인드빌딩
출판등록   2018년 1월 11일 제 2024 - 000136 호
이메일   mindbuilders@naver.com

ISBN 979-11-994075-5-8(03100)

· 책값은 뒤표지에 있습니다.
· 잘못된 책은 구입하신 곳에서 바꿔드립니다.
· AI 훈련을 목적으로 이 책을 사용하거나 복제할 수 없습니다.

이 도서는 2025년 문화체육관광부의 '중소출판사 도약부문 제작지원' 사업의 지원을 받아 제작되었습니다.

> 마인드빌딩에서는 여러분의 투고 원고를 기다리고 있습니다. 출판하고 싶은 원고가 있는 분은 mindbuilders@naver.com으로 기획 의도와 간단한 개요를 연락처와 함께 보내주시기 바랍니다.

방황하는 사람들을 위한 의미의 세계

춤추는 인간

김대호 지음

「프롤로그」
인간은 존재하는 한 방황한다

괴테*Johann Wolfgang von Goethe, 1749-1832*의 소설 『파우스트』에는 "인간은 노력하는 한 방황하는 법이다."라는 문장이 나옵니다. 이 소설의 내용도 그렇습니다. 삶의 지향성과 욕망 사이에서 방황하는 영혼에 대해 이야기합니다. 이는 인간만의 실존성을 표현합니다. 인간은 왜 이럴까요? 다른 동물은 특별히 방황이라는 것을 하지 않습니다. 그저 본능에 충실한 삶을 살아갈 뿐이죠. 제가 생각하기에 인간은 동물과 다르게 '의식적 존재'로 태어났기 때문입니다. 우리의 의식은 태어날 때부터 성인이 될 때까지 끝없는 도전과 후회와 성찰을 반복합니다. 그 안에서 때론 절망하고 때론 행복해합니다. 죽을 때까지 이런 인생의 '도돌이표'가 매번 반복됩니다. 실존주의 철학자 마르틴 하이데거*Martin Heidegger, 1889-1976*의 표현에 따르면 우리는 '던져진 존재'이기 때문입니다.

우리는 삶을 선택한 적 없습니다. 우리의 의식은 어느 순간 이 세계라는 무대 위에 던져졌습니다. 주어진 무대 역시 모두 다릅니다. 문제는 이 모든 것을 인간이 의식하며 살아간다는 데 있습니다. 동물은 그저 하루를 위해 그날의 음식을 구하고 밤이 되면 잠을 자는 다소 지루한 삶을 반복합니다. 식물은 그저 한곳에 서서 광합성을 하고 이산화탄소를 들이마시고 산소를 내보내는 반복적인 활동을 할 뿐입니다. 그러나 인간만은 그렇게 살아가지 않습니다. 무엇인가를 성취하려 하고, 때론 우울감에 빠지기도 하며, 다시 일어서 힘차게 걷곤 합니다. 인간은 삶의 의미를 끊임없이 질문하는 존재이기 때문입니다. 그것이 때로는 행복으로, 때로는 고통으로 다가옵니다.

그리고 그 길에서 어떤 이는 일에서, 어떤 이는 가족에서, 어떤 이는 종교에서 의미를 발견해 갑니다. 이렇게 보면 인생이란 자신의 '존재 의미'를 찾아가는 기나긴 여정이라고 말할 수 있을 것 같습니다. 그러니 당연히 방황할 수밖에 없습니다. 어느 날 길 위에 버려진 이가 자신만의 길을 찾아가는 것이기 때문입니다. 이쪽으로도 가보고, 저쪽으로도 가보고, 어느 길로 들어섰는데 "아이고, 이 길이 아니네."라며 되돌아 나올 수도 있습니다. 이런 인간의 성향은 실존적입니다. 즉 '존재론적'이라고 말할 수 있습니다.

다시 괴테의 문장으로 돌아가면 이렇게 말할 수 있을 것 같습니다. "인간은 존재하는 한 방황하는 법이다." 재미있는 것은 이 방황의 색깔이 모두 다르다는 점입니다. 내가 누구인지, 왜 태어났는지, 무엇을 해야 하는지, 이런 끊임없는 질문은 삶을 진동시킵니다. 이 진동은 우리를 이곳으로 흔들었다 다시 저곳으로 흔들곤 하지만, 흔들림의 양태는 모두 다릅니다. 마치 무대 위에서 수많은 사람들이 춤을 추고 있지만, 같은 춤이 아니라 모두 다른 춤인 것처럼 말입니다. 이 세계라는 무대 위에서 우리는 '각자의 춤'을 완성해 가고 있는 것입니다. 현대 철학의 문을 연 프리드리히 니체$^{Friedrich\ Nietzsche,\ 1844-1900}$는 이것을 이렇게 멋지게 표현합니다. "발로 추는 춤, 사상으로 추는 춤, 말로 추는 춤, 그리고 펜으로도 춤을 출 수 있어야 한다."[1]

존재는 의미의 표현이다

인간은 단지 부를 추구하고, 쾌락을 누리며, 권력과 명예를 얻기 위해 살아가는 게 아닙니다. 인간은 자기 내면의 고유한 의미를 달성하기 위해 살아가는 존재입니다. 오스트리아 출신의 정신분석학자 빅터 프랑클$^{Viktor\ Emil\ Frankl,\ 1905\ -1997}$은 인간을 '의미를 추구하는 존재'로 보았습니다. 이러한 관점을 그는 로고테라피^{Logotherapy}라 명명했습니다.

여기서 로고^{logos}는 단순한 '말씀'이나 '언어'가 아니라 의미, 가치, 존재의 본질을 포함하는 개념입니다. 인간은 육체를 지닌 존재로 세상에 오지만, 실제 삶의 중심은 이 '로고', 즉 의미(정신) 안에 있다고 본 것입니다. 프랑클은 삶의 고통과 시련, 실존적 문제는 바로 이 의미를 발견함으로써 극

---

[1] 프리드리히 니체, 『우상의 황혼』, 루미너리북스, 2024, 전자책 p.49.

복할 수 있다고 생각했습니다.

그는 로고테라피 이론을 바탕으로 많은 상담과 치료를 실천했습니다. 그는 내담자가 자신만의 가치와 삶의 의미를 발견하도록 도왔고, 그에 따라 살아갈 힘과 존엄성을 회복하도록 유도했습니다. 이러한 이론을 정립할 수 있었던 배경에는 그를 극한으로 몰아갔던 삶의 경험이 자리 잡고 있습니다.

프랑클은 유대인이라는 이유로 나치 강제수용소 '아우슈비츠'에 끌려갔고, 그곳에서 상상할 수 없는 고통과 비인간적인 현실을 경험했습니다. 그의 아내, 부모, 형제가 아우슈비츠에서 모두 죽었습니다. 그럼에도 그는 수용소의 절망적인 상황 속에서 인간의 존엄은 어떻게 지켜질 수 있는지를 사유했습니다. 사람들이 어떻게 삶의 희망을 놓지 않고 살아가는지 관찰한 것입니다. 그리고 그는 관찰 끝에 깨달았습니다. 사람을 지탱하는 힘은 어떤 외부의 어떤 조건도 아니며, 바로 인간 내면에 품은 '삶의 의미'였다는 것을.

수용소 바깥에서 어떤 삶을 살았든, 부와 힘, 어떤 높은 지위와 명예를 누렸든, 그런 기준이 수용소 안에서 삶의 존엄을 결정하지 않았던 것입니다. 고통, 죽음, 폭력 앞에서도 꺾이지 않고 하루를 견디는 이들은 대부분 자신만의 존재 이유, 삶의 의미를 품은 사람들이었습니다.

프랑클은 해방 이후에 이 경험을 바탕으로 자신의 사상을 정리해 『죽음의 수용소에서』라는 저서를 출간했습니다.

이 책은 단순한 수기가 아니라, 철학과 심리학이 만나는 지점에서 태어난 실존적 통찰입니다. 이는 같은 시기에 활동한 독일 실존주의 철학자 칼 야스퍼스 Karl Jaspers, 1883-1969가 말한 '한계 상황'Grenzsituationen[2]과도 맞닿아 있습니다. 야스퍼스도 인간은 죽음, 전쟁, 질병 같은 극한의 고통과 마주할 때, 비로소 자기 실존에 대한 자각으로 이어진다고 보았습니다.

프랑클은 이러한 통찰을 '의미의 의지'Will to Meaning라는 개념으로 정식화했습니다. 이는 니체가 말한 '힘에의 의지'Wille zur Macht를 내면으로 향하게 하는 사유입니다. 인간은 자신이 처한 상황을 극복함으로써 자기 자신을 넘어섭니다. 이것을 프랑클은 자기 초월self-transcendence이라 말합니다. 이를 통해 진정한 '자신'이 된다고 본 것입니다. 다만 프랑클은 그 의미는 타인이 대신 찾아줄 수 없다고 생각했습니다. 의미는 개인 고유의 내면에 숨어 있기 때문입니다. 의미는 오직 내 안에서 발견되는 것입니다. 사실 나의 바깥에는 그 무엇도 없기 때문입니다.

누군가의 말이나 사회의 기준을 맹목적으로 따라서는 안

---

[2] 아내가 유대인이었던 야스퍼스는 나치 치하에서 고통받으며 수용소에 끌려갈 것을 대비해 언제든 죽을 수 있도록 주머니에 '독약'을 품고 다녔다고 알려져 있다. 그는 이 경험을 통해 인간의 의지로는 도저히 피할 수 없는 극한의 현실이 있다고 보았다. 그는 이것을 '한계 상황'이라 명명한다. 야스퍼스는 인간은 이런 한계 상황에 직면할 때 진정한 각성을 이루고, 이를 마주하고 극복함으로써 자기 초월에 이른다고 보았다. 그 경계에서 진정한 '실존적 삶'이 시작된다.

되는 이유가 여기에 있습니다. 그것은 나의 내면에 타인의 세계를 세운 것에 불과합니다. 그것은 포장지 역할 정도밖에는 못합니다. 생생하게 살아 있는 나의 의미가 있어야 합니다. 그것은 오직 '나의 선택'에서 옵니다. 어떤 의미로 살아가겠다는 의지에서 옵니다. 그것이 진정한 의미의 '자유의지'입니다. 존엄하되 스스로 존엄한 자가 되어야 합니다. 누가 정해준 길을 가지 말아야 합니다. 고통이라는 삶의 파도는 '자신의 배'를 건축한 자만이 극복해낼 수 있는 것입니다.

자, 그럼 이런 질문을 던져봅시다. 우리가 누가 존재한다고 할 때 그것은 무엇일까요? '있음'이란 과연 무엇인지, 철학자들의 오래된 고민이기도 합니다. 예를 들어 "여기에 당신이 있다."라는 문장을 봅시다. 여기에서 당신이란 당신의 집, 당신의 차, 당신의 옷, 당신의 가방, 당신의 신발, 즉 당신이 소유한 것을 말하는 게 아닐 겁니다. 인간은 종종 자신이 가지고 있는 물건으로 자신을 규정하곤 하죠. 하지만 그것은 하나같이 내가 아닌 나라는 사람 주변에 있는 것일 뿐입니다. 그렇다면 '나'라는 것은 무엇일까요?

다시 "여기에 당신이 있다."라는 문장으로 돌아와 봅시다. 그것은 바로 당신의 생각, 당신의 말, 당신의 태도, 즉 당신 안에 있는 당신을 의미하는 것들입니다. 실존주의 철학자들은 이를 '실존'^{Existenz}이라고 이야기합니다. 세상에 모든 존재하는 것들은 이렇듯 자신의 의미를 표현하는 존재이거나,

표현하지 않지만 그냥 있는 존재입니다. 예를 들어 돌, 물, 나무 등 자연에 있는 것들은 그냥 존재합니다. 그것들은 자신을 표현하지 않습니다. 노래하지도 않고, 춤을 추지도 않습니다. 글을 쓰지도 않지요. 화를 내거나 울지도 않습니다.

하지만 인간은 그냥 존재하지 않습니다. 자신을 구체적으로 표현합니다. 이 표현이 그가 누구인지를 보여주는 가장 확실한 징표입니다. 인간은 이런 의미 표현을 통해 하늘이나 바다 같은 보편 존재가 아닌 구체적 존재가 됩니다. '그냥 인간'이 아닌 박지연, 이승우, 정유진(제 친구들 이름입니다. 하하.) 같은 단일적 세계로 구분되는 것이지요.

여러분은 이 책을 쓰고 있는 제가 존재한다는 것을 어떻게 아시나요? 제 키와 생김새, 사는 집, 자동차가 무엇인지 여러분은 알 수 없습니다. 하지만 바로 지금 이 순간, 여러분은 제 글을 읽고 저라는 사람이 어떻게 생각하는지 알 수 있습니다. 김대호의 생각이란 바로 '김대호가 생각하는 의미'를 말합니다. 바로 이곳에 '김대호'라는 이가 존재하는 것이지요. (아나운서 아닙니다. 저는 혼자 살지 않습니다. 하하.)

그래서 인간은 자신의 표현으로 완성됩니다. 그가 '진짜 누구'인지를 알려면 그 육체의 껍데기가 아닌 그의 생각을 들여다봐야 하지요. 그 사람의 생각이 바로 그의 존재를 말해줍니다. 그것은 눈에 보이지 않지만 내가 누구인지를 말해줍니다. 그래서 인간은 자기 생각을 다듬고 정리하면서 자신의 존재를 완성해 갑니다. 그것은 나의 표현이 되고 나의 의미가 되어 다른 이에게 전달됩니다. 사회라는 세계 안에서 그 표현이 타인에게 나를 말해주는 도구이지요. 이것을 정리하면 "존재란 생각이고, 생각은 의미이고 표현이다."라고 이야기할 수 있을 것입니다.

이 책은 '나'를 '나'로서 존재하게 해주는 생각을 담은 에세이입니다. 프랑클이 말한 자기 삶의 의미를 함께 찾아보는 여러 생각들입니다. 저를 생각하는 존재로 만들어준 도구는 '철학'입니다. 철학은 자신을 완성하는 데 가장 도움이 되는 학문이라고 말할 수 있습니다. 많은 학문이 하나의 기능으로써 우리에게 기여하지만, 그것 자체가 '나'라는 존재를 말해주지는 않습니다. 그러나 철학은 '나'라는 존재에 대한 실존적(의미적) 해답을 줍니다. 그래서 본 저서는 철학자들의 사유를 통해 '나'라는 '의미를 찾아가는 여정'이라고 말할 수 있을 것 같습니다.

「차례」

005 **프롤로그** 인간은 존재하는 한 방황한다

1장 당신의 세계
019 **던져진 존재** 나는 어느 날 세상에 던져졌다
024 **앞선 실존** 세상이 먼저인가? 내가 먼저인가?
028 **열린 지금** 정해져 있는 삶이란 없다
034 **자기의 실현** 당신의 목표는 당신이다
041 **지각이 존재다** 지각하지 않는 건 당신을 괴롭힐 수 없다
047 **삶의 이방인** 우리는 여행자다
053 **위버멘쉬** 나를 긍정하라
060 **쇼펜하우어** 괴로움의 철학자
065 **욕망을 넘어** 진정한 자유를 찾아서
069 **나와 나의 화해** 나를 용서하는 법
074 **행복 감각 능력** 아는 것이 행복이다
081 **생의 약동** 나는 지속되는 존재다
087 **나는 자연인이다** 삶과 죽음을 넘어

2장 의미의 완성
095 **AI의 시대 1** AI는 시인이 될 수 있을까?
100 **AI의 시대 2** 생각하지 않는 인간

110 **언어의 창조**   이름을 불러줄 때 꽃이 된다
117 **의미 부여 능력**   당신이 모든 것의 시작이다
120 **춤추는 인간**   어나더 라운드(Another Round)
126 **고독도 능력이다**   나만의 섬이 필요하다
135 **웃음**   비극을 극복하는 방법
139 **김씨 표류기**   행복은 과정에 있다
144 **스피노자**   행복의 철학자
148 **나는 반항한다**   고로 존재한다
152 **시지프스처럼**   운명을 이겨내는 힘

3장 상보적 존재

159 **관계 물리학**   우주는 관계이다
164 **창백하고 푸른 점**   우열은 없다 차이만 있을 뿐
170 **공동 존재**   서로 함께 숨을 쉰다
180 **불행 강요 사회**   부러운 인생이란 없다
184 **페르소나**   가면을 벗어야 내가 보인다
190 **위악적 사회**   일부러 나쁜 척할 필요는 없잖아?
194 **윤리학**   올바름이란 복잡하다

4장 독단을 넘어

201 **지식의 순교자**   진리는 누군가의 희생이다
210 **볼테르**   똘레랑스의 철학자
215 **맹신의 속성**   우리는 어떻게 독단에 빠지는가?
223 **인간의 조건**   인간은 배움으로 완성된다

230 **열린사회** 서로를 존중하는 길
237 **타인의 경험** 안다는 건 타인의 말을 듣는 것
246 **지식의 목적** 사랑을 위해 공부해야 한다
249 **버트런드 러셀** 연민의 철학자

256 **에필로그** 당신은 이야기다
262 **참고도서**

1장 당신의 세계

달과 나무, 그리고 하늘은 각자의 세계 안에서 각자의 위치
안에서 멀어져 있다.
그들은 누구에게도 같지 않으며, 각자가 고집스럽게
주관적이며 서로를 인식조차 하지 않는다.
독립적인 존재로서 깊고 무겁게 무심하다.
그러나 내가 눈을 떠 바라보는 순간,
나의 시선이 향하는 방향을 따라 그들은 각자 조화를 이루어
그림이 된다.
그리고 이 순간 깊은 고요와 함께 이를 의식하는 이는 세계
속에서 오로지 나 하나다.
사물의 조화는 내 위치에 따라 결정되며, 사물의 색감은 내
감각에 따라 결정된다.
사물의 의미는 나의 인식이 사유하는 사태로서 결정된다.
내가 살아 있음으로 현상이 살아 움직인다.
심외무물心外無物, 마음 밖에 사물은 존재하지 않는다.
고로 심외무상心外無相, 마음 밖에는 상이 없다.
당신으로 인해 세계는 비로소 의미(형상)를 갖는다.

던져진 존재
나는 어느 날 세상에 던져졌다

물리학에 따르면 시공은 묶여 있다. 뉴턴역학의 f=ma라는 물리법칙은 아인슈타인$_{Albert\ Einstein,\ 1879\text{-}1955}$이 등장하면서 $E=MC^2$로 대체되었다. 시간과 공간은 나의 위치에 따라 상대성을 갖는다. '시간과 공간이 하나'라는 것은 현대 물리학이 이룬 위대한 발견이다. 우주적 관점에서 절대 시공이란 없다. 절대 시공이 존재하려면 모두에게 같은 절대 기준이 있어야 한다. 그러나 관측된 우주에 절대 기준은 없다. 우주에는 중앙도 좌도 우도 위도 아래도 없다. 관찰자의 위치에 따른 상대적 시공만이 있을 뿐이다. 먼 우주의 외계인이 압도적 과학기술로 지구를 관찰한다면 지금 2025년이 아닌 지구의 선사시대가 관찰될 수도 있다. 마찬가지로 우리의 과학기술이 고도로 발달해 외계를 촬영했는데, 그들이 우리 문명보다 뒤처져 있어 식민 지배 군단을 보냈더니 정작 '타노스'가 기다릴지도 모를 일이다. (그럼 다시 지구로 뛰어야 한다.)

수직으로 흐르는 시간과 역사는 우리의 개념일 뿐이다.

중력장의 영향을 받는 위치마다 다른 세계가 있다. 거시 세계에서는 큰 차이가 없어 보여도, 미시 세계로 들어가면 비행기에 타고 있는 누군가와 지상 아래 있는 나의 시계 사이에는 극도로 미세한 오차가 발생한다. (이에 따라 우리가 늘 사용하는 내비게이션은 위성 공간과 내 공간 사이의 시간 오차를 계산해 우리에게 길을 알려준다.)

거대한 우주의 광대한 공간으로 그 거시적 범위를 넓히면 우리 역시 미시적인 세계 안에 있다. 여기서 매우 큰 시간 차이가 발생한다. 그러므로 모든 시간의 모든 공간은 관찰자에 따라 현존한다. 그렇다면 관찰자란 누구인가? 세계를 인식하는 의식이다. 아직 발견된 건 인간이 유일하다. 이 말은 곧 '당신이 우주의 기준'이라는 뜻이다. 방향, 위치, 시간은 나를 중심으로 돌아가는 개념일 뿐이다. 나와 뗄 수 없는 속성이다. 이런 세상에 우리가 어느 날 던져졌다.

하이데거는 20세기 기념비적인 저작 『존재와 시간』에서 인간을 '던져진 존재'로 해석하는데, 어디로 던져졌냐면 바로 '자기 자신에게 던져졌다'는 것이다. 나를 예로 들면, 나는 40여 년 전 어느 날 '김대호'라는 존재로 세계 속에 던져졌다.

이는 나의 의지와는 상관없는 시간 속 나의 '현존재'다. 이 얼마나 억울한 일인가? 나는 태어나기 위해 서울행 KTX 표를 끊은 적이 없다. (내 본적은 서울 만리동이다.) 그냥 나의 어머니, 아버지가 결정한 거다. 사실 정말 결정했는지,

어쩌다 나를 서울행에 태운 건지 나도 모르겠다. 아무튼 나는 그렇게 세상에 나의 의지 없이 나왔다. 그리고 나는 시간이라는 기이한 현상 때문에 성장하고 늙어가고 있다. '생'이라는 한정된 시간이 다하면 '강제 퇴거 대상자'다. 세상은 순 자기 마음대로다.

이렇듯 인간은 지금도 자신의 미래로 던져지고 있다. 출발역은 '태어남이라는 나'이고, 종착역은 '죽음이라는 나'이다. 즉 나는 나라는 선로를 달려 나에게 간다. 생은 자기에서 자기에게로 가는 여정이다. 이것을 '자기 도달'이라고 한다. 하이데거는 이것을 '피투성'被投性, Geworfenheit[3]이라고 했는데, 한국 사람들이 '피투성이'라는 살벌한 단어를 떠올리는 바람에 난 이 단어를 별로 좋아하지 않는다. 결국 자신이 이 세상에 던져진 이유가 있다면 바로 '자신의 시간'을 살기 위해서다. 하이데거는 이를 '자기가 자기를 재구성한다'라는 의미를 담아 '기투'企投, Entwurf[4]라고 표현한다. 비록 인간은 세상에 던져졌지만, 또한 자신의 의지로 자신의 미래를 향해 스스로 던진다는 의미다. 이는 자신의 삶에 도달하기 위해서이다. 여기서 중요한 통찰이 있는데, 존재는 결국 각자의 시간 속에 존재하며 목적지는 '자기 자신'이라는 점이다.

---

3 인간은 태어남과 동시에 '특정한 조건 속에 던져져 있다'라는 하이데거 존재론의 핵심 개념.

4 인간은 미래로 자기 자신을 내던지며 자신의 삶을 설계해 가는 능동적 존재라는 의미.

플라톤 이후 서양 철학은 보편자, 이데아(이상적 존재)의 세계를 찾기 위한 여정이었다. 존재의 근원에 어떤 이상이 있다는 사고는 오랫동안 뿌리 깊은 편견을 낳았고, 아름다움과 추함이라는 미의 기준으로 인간 실존을 약화시켰다. 하이데거는 오랫동안 이어져 온 이상적 존재라는 물음에 시간성을 전제하기 시작했다. 존재는 이제 현존재現存在, Dasein라는 새로운 사고의 틀을 얻었다.

여기서 '현'이란 '나타날 현'으로 존재 안에 지속적으로 드러나는 시간성을 내포한다. 단순히 7시 30분, 11시 10분 같은 기계적인 시간을 의미하는 것이 아닌 '여기 있음', '어디에 있음', '어떤 상황에 있음'과 같이 '있음'이라는 것을 존재가 처한 구체적 시간에서 분석한 것이다.

그러므로 보편자는 이제 개별성을 얻고 '구체적 존재'로 거듭난다. 이는 세계라는 고정된 틀 안에 '나'라는 존재가 있는 것이 아닌 세계와 내가 '동시에 존재'하는 '수평적 상관 구조'를 의미한다. 이를 '상호 침투성'*Befangenheit*이라 한다. 다른 말로 공존*Mitsein*이라고도 한다.

우리는 세계에 존재하는 게 아니라 세계와 공존한다. 즉 고정된 세계에 내가 있는 것이 아니라 내가 세계를 구성하는 적극적 참여자가 된다. 세계 역시 나로 인해 존재한다. 세계와 나는 상보적 관계이다. 세계와 나는 평등하다. 결국 나를 배제하고 세계 그 자체의 이상적 모델이란 없다. 이런 하이데거의 철학을 사유하면 우리 모두에게 공통된 인생의 정답 역시 없다. 각자는 모두 자신의 '고유 시간' 안의 '개별자'이기 때문이다. 그러므로 인생은 더욱 '나의 세계'를 창출하는 '나만의 시간'이 되어야 한다.

자신은 자신에게 있어서 수단이 아닌 목적 그 자체이다. 태어난 것에 어떤 특별한 이유가 있는 게 아니라 태어남 자체가 '목적'이다. 이것을 조금 어려운 말로 '죽음으로의 선구'*Vorlaufen zum Tode*[5]라고 한다. 철학자들은 말을 순 이런 식으로 한다. 즉 죽음은 존재의 멸망이 아닌 시간 속 존재의 완성지가 된다. 비록 내가 누구인지 모르고 태어났지만 시간 속에서 나를 만들어 가는 것이다. 그러므로 자신의 시간을, 무엇을 위한 수단으로 쓰지 말고 자기를 완성하는 데 써야 한다. 누군가의 빵셔틀 같은 건 하지 말라는 소리다. 여행은 내가 길을 정하는 것이다. 누가 정해준 길을 살아갈 거면 그 '누가'로 태어나지 않았을까? 그러나 '나'는 하필 '나'로 태어났다. 당신의 삶은 수십억 년의 역사 가운데 당신이 유일하다.

---

[5] 죽음에 대한 실존적 인식. 죽음을 회피하지 않고 죽음을 미리 내다보며, 그 한계 안에서 자신의 실존을 완성해 나가는 것.

앞선 실존
세상이 먼저인가? 내가 먼저인가?

좀 더 들어가 보자. 모두에게 동일한 보편적 세계와 보편적 법칙은 존재할 수 있는가? 이 질문 앞에 나의 대답은 "아니요"이다. (여러분의 대답은?) 인간은 모두 각자의 상황, 각자의 세계에 놓여 있기 때문이다. 내가 오늘 추구하는 법칙이 어떤 이에겐 무용한 것이고, 오늘 내가 별것 아니라고 무시하는 법칙이 어떤 이에겐 구원이 될 수도 있다. 가난한 아프리카 아이들에게 "공부 열심히 하면 성공할 수 있어."라고 친절하게 조언해 준다면, 우리는 이런 대답을 들을 것이다. "밤에 전기가 들어오지 않아요."

성공 방정식이 모두에게 동일하게 적용될 수 있는지 생각해 보자. 그럴 수 없다. 각자의 상황이 다른데 통일된 수식 같은 건 성립하기 어렵기 때문이다. 그래서 누군가의 성공을 빗대 누군가의 실패를 조롱해선 안 된다. 모두 각자 다른 방정식이 있을 뿐이다. 상수는 바로 '나 자신'이기 때문이다.

우리는 어머니 뱃속에서부터 각자가 다른 열차에 올랐다. 내려보니 출발역도 모두 다르다. 내게 주어진 세계는 나로서는 어찌할 수 없는 변수로 가득 차 있다. 더욱 억울한 것은 세상에 나올 때 내가 어떤 성향인지, 어떤 재능을 타고나는지 정해진다는 것이다. 그래서 나를 모르면 잘못된 길로 갈 수밖에 없다. 문제는 사람들이 세계(변수)만을 공부하고, 세계만큼 자기 자신(상수)을 공부하지 않는다는 점이다. 자기 상수를 모르니 잘못된 수식을 세운다.

남의 상수를 가지고 와서 변수에 대입하니 성공 확률이 낮아진다. 내가 이것을 몰랐을 때, 후배들에게 너무 쉽게 조언하는 우를 범했다. 나를 동경하던 몇몇 후배는 나처럼 살겠다며 내 스타일을 따라 했다. 그러나 일이 뜻대로 되지는 않았다.

그가 나보다 절대 유능하지 못해서가 아니다. 그는 나와 다른 사람이었다는 것이 중요하다. 그는 그만의 방식이 있어야 했다. 그때는 그걸 몰랐다. 나 자신을 모르면 세계를 내 것으로 수렴할 수조차 없다. 왜냐하면 내가 세계에 앞서 있기 때문이다. 당신이 보는 모든 것, 당신이 오감으로 느끼는 모든 것, 바로 그것은 당신이 ○○행 KTX를 타고 어머니 뱃속에서 나왔을 때부터 시작된다. 그리고 당신이 인생의 종착역에서 문을 닫을 때 찬란하게 사라진다.

이것을 실존주의 철학자 장 폴 사르트르 *Jean-Paul Sartre, 1905-1980*는 "실존은 본질에 앞선다."*L'existence précède l'essence*[6]라고 표

---

[6] 인간은 어떤 목적이나 본질을 가지고 태어나는 것이 아니라 자신의 실존을 통해 구체적 본질을 만들어 간다는 장 폴 사르트르의 핵심 존재론.

현했다. 당신이 당신의 세계에 앞서 있다는 말이다. 그렇다면, 내가 앞서 있는데 나를 공부하지 않고 뒤에 오는 세계를 열심히 공부해 봐야 잘못된 방법론만 얻을 가능성이 커진다. '나'를 모르면 '나의 세계'가 온전히 구축될 리 없기 때문이다.

그래서 우리는 세계를 열심히 공부하되, '나 자신' 역시 열심히 공부해야 한다. 어떤 특정한 인물의 성공론을 보고 비판 없이 수렴한다고 그것이 내 것이 되지 않는다. 그저 참조 정도라고 생각해 두자. 그는 자기 세계에서 그것을 이룬 것뿐이다. 그러니 우리가 오늘 해야 할 질문은 "어떻게 살 것인가?"가 아니라 "나는 어떻게 살 것인가?"가 되어야 한다. '남의 세계'를 살려 하지 말고 '나의 세계'를 살아야 한다.

사르트르의 소설 『구토』에서 주인공 로캉탱은 자신을 둘러싼 모든 사물과 사람 그리고 자기 존재의 부조리를 느끼며 발작성 구토를 일으킨다. 그리고 그 길 끝에서 그가 마주한 건 '존재의 우연성', 존재에는 아무런 이유가 없다는 사실이다.

타인은 그를 하나의 사건이나 이미지로 기억하고, 거기에는 그 자신이 없다. 그저 누군가로부터 의미 지어진 형상만이 있을 뿐이다. 그리고 그것은 우연적 사건에 불과하다. 그 역시 타인과 사물을 그렇게 기억한다. 인간은 태어날 때부터 이미 언명된다. 그렇게 거대한 산업세계, 하나의 부품으로 깎이고 만들어지며 규정된다. 사람들은 세계라는 무대 위에서 각자의 배역에 따라 연기를 하고 있을 뿐이다. 그러므로 '존재의 기계성', 모든 것은 그 역할에 따라 살아 움직이지만 잠들어 있다.

그러다 어느 날 자신의 의식이 존재를 의식하면서 삶의 구토 현상이 나타난다. 그것은 나인가? 나는 누구인가? 숨겨진 나는 존재의 이미지로 기억되고, 모든 것은 나타남과 사라짐을 반복할 뿐이다. 모든 것이 그렇다. 책의 결말에 이런 문구가 나온다.

"존재자는 결코 다른 존재자를 정당화할 수 없다."[7]

로캉탱은 자신이 살던 부빌_Bouville_[8]을 떠나기 전 그와 관계했던 이들에게 작별을 고한다. 마지막으로 그는 자유로운 재즈 음악을 들으며 이 음악을 작곡한 사람이 누구일까? 그는 어떤 사람일까? 상상해 본다. 그리고 그것은 그 의식 안에서 음악의 멜로디와 함께 존재로서 각인된다.

로캉탱은 이로써 존재의 본질에 조금은 다가간다. 그는 새로운 도시에서 소설을 써보기로 한다. 글로 자신의 존재를 스스로 창조해 보기로 한 것이다. 그는 자신이 창조자라는 사실을 깨달았다. 실존은 본질에 앞서 있기에 말이다.

---

7 장 폴 사르트르, 『구토』, 임호경 옮김, 문예출판사, 2020, p.409.
8 주인공 앙투안 로캉탱(Antoine Roquentin)이 살던 가상의 소도시.

열린 지금
정해져 있는 삶이란 없다

세상의 모든 것은 긍정과 부정의 속성을 동시에 갖고 있다. 모든 것이 좋고 모든 것이 나쁜 것은 인간의 관념 안에만 존재한다. 옛적에 동양 철학자 맹자와 순자는 '성선설'性善說과 '성악설'性惡說로 인간 본질을 논했지만, 현대 철학자 버트런드 러셀Bertrand Arthur William Russel, 1872~1970은 "인간은 부분적으로 선하고, 부분적으로 악하다."라는 말을 했다. 맞는 말이다. 그래서 '완벽한 이상계'란 '관념의 이데아'일 뿐이다. 완벽하게 긍정적인 것은 생활세계에서 한 번도 발견된 적 없다.

지금 우리가 하는 SNS만 해도 시민들을 연결하고 선한 영향력이 확대되는 통로가 되기도 하지만, 가짜뉴스와 혐오가 퍼져 나가는 통로가 되기도 한다. 아마 당신도 이런 기억이 있을 것이다. 내가 좋아하는 사람 기사에 격려 댓글을 달다가, 싫어하는 사람 기사에는 악플을 달던 일? (아니면 말고, 그냥 넘어가 주자.) 어렸을 적 불우한 친구를 도운 일도 있을 테지만 불우한 친구를 놀린 일도 있을 것이다. (아니면 말고 다시 한번 넘어가 주자.) 내가 든 예가 맘에 들지 않더라도, 당신의 모습 속에도 선악이 공존한다는 사실은 부인하기 어려울 것이다. 이렇듯 세상 모든 것에 이면이 존재하는 이유는 '세계의 본질이 열려' 있는 것이기에 그렇다. 모든 게 고정되어 정해져 있지 않다는 의미다.

결국 세계는 '오픈 소스'라는 이야기다. 그렇다면 결국 개발자의 역할이 가장 중요하다. 그 개발자가 바로 그것을 만들어 가는 '나'라는 주체다. 많은 이들이 세상 너머 어딘가에 이상이 있을 것으로 생각하고 추구했지만, 아직 그런 것은 발견된 적 없다. 그래서 유토피아적 이상주의가 역사에서 부정 기능으로 작동한 사례가 훨씬 많다. 먼 미래에 이상을 두고 바로 지금을 무시했기 때문이다. 이상이란 바로 지금 당신 안에 있다.

그래서 우주의 시간 속에서 가장 중요한 시점은 언제나 바로 '지금'이다. 현재만이 실재할 뿐이다. 바로 이 순간 당신의 행동이 긍정을 만들면 긍정이 되는 것이고, 부정을 만들면 부정이 되는 것이다. 그 순간의 본질은 그렇게 결정 날 뿐이다. 그 이상은 없다. 다만 그것뿐이다. 그것이 또 미래를 보증하지도 않는다. 그때는 그때의 실천이 또 필요하다. 그렇게 하루하루가 쌓여 역사라는 이름으로 기록된다. 사실 우리 삶은 어떤 것의 과정이 아니다. 매 순간이 결과이다. 그래서 인생에서 가장 중요한 날은 언제나 오늘이다. 바로 오늘 당신의 삶이 가장 소중하다는 이야기다.

라틴어 '카르페 디엠'*Carpe Diem*[9]은 흔히 '지금 이 순간을 즐기라'는 의미로 널리 쓰이지만, 이는 본래 뜻에서 조금 벗어난 해석이다. 이 문구는 고대 로마 시인 호라티우스*Quintus Horatius Flaccus, 기원전 65-8*가 쓴 시에서 비롯된 말로, 시의 전체 맥락을 깊이 들여다보면 당시 유행하던 점성술과 운명론[10], 그런 것들에 기대려는 인간의 나약한 정신에 대한 비판이 담겨 있다.

호라티우스는 모든 것을 신의 뜻이라며 운명에만 의지하지 말 것을 요구하면서, 자신의 선택으로 삶을 가꾸라는 실존 의지를 촉구하고 있다. 즉 그의 '카르페 디엠'은 단지 지금을 소비하라는 말이 아니다. 신의 시간(미래)이 아니라 나의 시간(현재)에 충실하라는 주체적 삶의 선언이다. 그런데 이 말이 어쩌다 클럽이나 파티에서 "오늘 먹고 죽자!" 느낌으로 쓰이게 되었는지 나도 잘 모르겠다. 시의 마지막 구절은 이렇게 끝난다.

"Carpe diem, quam minimum credula postero."
오늘을 붙잡아라, 미래는 최소한만 믿어라.

---

9   카르페(Carpe)는 '(과일·꽃 등을) 따다, 거두다'라는 뜻의 라틴어 동사 carpō의 명령형이고, 디엠(diem)은 '하루'를 뜻하는 dies의 대격 형태이다. 직역하면 '하루를 거두어라' 혹은 '오늘을 수확하라'가 된다.
10 당시 로마 사회는 그리스에서 전해진 점성술과 동방의 운명론이 성행했으며, 개인의 삶을 별자리와 신탁에 의존하는 풍조가 퍼져 있었다.

파스칼Blaise Pascal, 1623-1662의 대표 저서 『팡세』와 니체의 대표 저서 『선악의 저편』을 읽으면 여러모로 비슷하다. 인간의 허무, 비탄, 위선, 절망을 이야기하고, 쓰인 형식과 심지어 어투까지 상당히 유사하다. 저자의 이름을 바꾸어 내도 그럴 듯할 것 같다.

한 가지 다른 게 있는데 바로 결론이다. 파스칼은 인생에서 신의 필요성을 이야기하고, 니체는 신의 죽음을 이야기한다. 한 사람은 전통적인 가치의 강화로 갔고, 한 사람은 전통적인 가치의 파괴로 갔다. 한 사람은 자기 부인을 노래하고, 한 사람은 자기 창조를 노래한다. 동시대에 나왔다면 치열한 논쟁이 있었을 것이다.

이 두 천재의 철학적 과정은 유사하지만 결론이 완전히 다른 걸 보면, '과연 인간에게 정답이란 있는가?'란 생각에 도달하게 된다. 나는 두 사람의 결론 모두를 존중한다. 인간 사유의 유사성이 인간 가치의 유사성을 보증하지 않기 때문이다. 다만 확실한 것은, 마치 소설을 집필하는 것처럼 우리는 각자의 사유 세계에서 인생 서사의 주체성을 실현한다는 점이다.

예술을 보는 데는 세 가지 관점이 있다. 첫 번째는 작품 관점이다. 작품 자체가 훌륭하고 아름다워야 한다. 고전 예술이 추구했던 방향이다. 두 번째는 예술가 관점이다. 예술가의 철학과 사유가 녹아든 의도에 따라 그 작품의 완성도가 달라진다는 것이다. 인상파 등 현대 미술이 이런 방향성으로 나아갔다. 마지막은 감상자 관점이다. 감상자가 어떻게 느끼고 받아들이냐에 따라 작품의 완성도도 달라진다는 의미다.

삶도 예술이라면 나는 세 번째 관점을 지지한다. 관찰자에 따라 세계의 의미는 바뀐다고 생각하기 때문이다. 고정된 것은 없고 변화하는 세계만이 있다. 그리고 그 세계는 나의 위치에 따라 다른 형태와 색을 품는다. 내가 시공을 담는 그릇인 셈이다. 그러니 남들이 좋다고 하는 것을 따라갈 필요는 없다. 저마다의 세계가 있을 뿐이다. 내가 바라보는 세계를 아름답게 감상하면 그뿐이다. 매일 아침 흔하디흔한 산책길 풍경도 나에겐 그 어떤 위대한 예술가의 작품보다 깊고 아름답다.

그래서 평범한 화가는 사물을 그리지만, 위대한 화가는 자신을 그린다. 폴 세잔*Paul Cézanne, 1839-1906*[11]은 생트 빅투아르산*Mont Sainte-Victoire*[12]을 반복해서 그렸다. 그의 작법은 독특했다. 산의 풍경을 보며 바로 그림을 그리는 것이 아니라, 몇 시간이고 앉아서 산을 바라본 뒤에야 붓을 들었다. 그는 시간의 질감에 따라 변화하는 세계를 관조했던 것이다. 빛의 깊이를 통해 드리우는 그림자와 음영의 차이를 감각한 뒤,

---

11 프랑스 후기 인상주의 화가로, 색채와 형태를 통한 구조적 접근이 입체파와 현대 미술에 큰 영향을 끼쳤다.
12 프랑스 남부 엑상프로방스 근교에 있는 산으로, 세잔이 30회 이상 변주하여 그린 대표적 모티프.

정신에 담겨진 바로 그 세계를 그렸다.

즉 그에게 그림이란 사물에 투영된 '자신'을 그리는 행위였던 것이다. 그래서 그의 작품 속에서 수없이 반복된 생트 빅투아르 산은 단 하나도 같은 그림일 수 없었다. 같은 그림을 반복해서 그리는 것이 아니라, 매일매일 완전히 다른 세계를 그렸기 때문이다. 매일의 자신은 달랐기 때문이다.

그렇게 그는 사물을 넘어서려 했다. 이 시도가 곧 현대 미술의 시작이다. 사실 그에게 그림이란 '나'를 찾아가는 행위였던 것이다. 우리 삶에도 이런 인상주의[13]가 필요하다. 반복되는 행위 속 매일 들고나는 세계는 우리에게 같아 보인다. 그러나 실상은 세잔의 빅투아르 산처럼 단 하나도 같은 날이 없는, 완전히 다른 새로운 세계이다. 왜냐하면 매일매일 의미의 층위가 새롭게 구성되고 있기 때문이다. 그러므로 세계는 나에게 해석되는 것이다.

현대 해석학의 거장이자 철학자인 한스 게오르크 가다머 *Hans-Georg Gadamer, 1900-2002*는 "세계는 두텁다."*Die Welt ist dick*[14]라고 말한다. 하루를 깊이 바라보아야 하는 이유다. 실상 반복되는 세계는 없다. 세계는 당신의 해석에 따라 날마다 새로운 옷을 입는다.

---

13 19세기 후반 프랑스에서 발전한 미술 사조. 순간의 빛과 색채, 개인의 주관적 인상을 포착하는 것을 중시했다.
14 가다머의 표현으로, 세계가 단층적·단일한 의미가 아니라 다층적이고 해석 가능한 층위로 구성되어 있음을 은유적으로 나타낸다.

자기의 실현
당신의 목표는 당신이다

얼마 전 미국 과학자 다섯 명으로 구성된 생태조사팀이 남미 정글, 아프리카 사막, 초원, 고지대 산속에 거주하는 원주민들의 실태 파악을 위해 무작위로 3,000명 정도를 조사했다. 이 조사에는 '행복지수'*Happiness Index*도 포함되어 있었는데, 흥미롭게도 이들의 행복지수가 상당히 높게 나왔다.

험난하고 척박한 환경에서 사니 도시인들이 봤을 때는 왠지 불행할 것 같지만, 이런 예상이 보기 좋게 빗나간 것이다. 이들의 조사에서 행복은 돈과는 전혀 관계가 없는 것으로 나왔다. (이들의 평균 하루 지출은 1달러라고 한다.)

이미 '이스털린*Easterlin*의 역설'[15]에서 증명되었듯이, 의식주가 해결되면 더 많은 것을 가진다고 해서 행복이 증가하지는 않는다. 사회 행복의 근원이 돈이 아니라면 과연 무엇일까? 두 가지로 볼 수 있다. 첫 번째는 사회적 안정감이다. 위

---

15 미국의 경제사학자 리처드 이스털린(Richard A. Easterlin, 1926~2024)이 1974년 주장한 경제학 이론. 소득이 증가해도 일정 부분이 채워지면 소득이 계속 증가해도 더 이상 행복도는 증가하지 않는다는 내용이다.

의 원주민들이 거주하는 지역은 대부분 사회적 유대감이 높았고, 공동체 의식이 강해 서로를 보살폈다고 한다.

두 번째는 사회적 비교가 없는 사회다. 심리학자 서은국 교수는 핀란드인들에게 "어떤 사람이 가장 비호감이냐?"라고 물었더니, 대부분 "타인의 삶을 평가하는 사람"이라고 대답했다고 한다. 핀란드는 7년째 전 세계에서 가장 행복지수가 높다.

이미 많은 연구에서 행복에 가장 큰 영향을 미치는 것은 '주관적인 경험'이라는 결과가 나왔다. 우리 사회는 부를 기준으로 경제 대국으로 분류되지만, 이에 비해 행복지수는 형편없는 수준이다. 위의 연구에 근거해 그 이유를 다음과 같이 세 가지로 정리할 수 있다. 첫 번째 충분한 사회적 안전망 부재, 두 번째 경쟁의 심화다. 그리고 세 번째는 남과 비교하며 개인의 주관적 삶을 평가하는 한국 특유의 고질병이다. 우리 사회는 소수의 행복을 위해 다수를 줄 세우는 나라다. 이렇듯 하나의 기준으로 성적을 매기는 나라에 행복은 있을 수 없다.

2013년에 방영한 미국 드라마 〈스파르타쿠스〉를 보면 재미난 장면이 나온다. '스파르타쿠스'가 노예 해방 전쟁을 통해 수많은 노예에게 자유를 주는데, 이 중 일부는 자발적으로 주인에게 돌아간다. 채찍에 맞고 사슬에 묶이더라도 주인이 던져준 빵이 그립다는 것이 그 이유였다. 그리고 자유가 주어졌는데도 어떻게 살아야 할지 몰랐다. 이것을 '코끼리 사슬 증후군'*Baby Elephant Syndrome*이라고 한다. 어린 코끼리를 묶어놓으면 힘이 부족해 사슬을 풀지 못한다. 그런데 코끼리가 성체가 되어 충분히 사슬을 끊고 도망갈 수 있음에도 역시 사슬을 풀지 못한다.

자유도 경험하지 못하면 누리지 못하게 된다. 평생 사슬에 묶여 있으면 사슬이 채워질 때 오히려 안정감을 느낀다. 동물은 그렇게 길들며, 인간의 실존은 그렇게 잊힌다. 학습이 그렇게 만든 것이니 뭐라 할 수도 없는 일이다. 우리가 훈련받은 코끼리에게 뭐라 하지 않듯이 말이다. 그래서 나는 가끔 그런 생각을 한다. 우리도 간혹 아이들에게 사슬을 선물하고 있는 것은 아닌지 말이다.

우리나라는 성공이라는 단어가 매우 오염되어 있는 국가다. 성공이라는 것은 자아실현과 같다. 자신의 마음을 달성하는 일이다. 즉 성공이란 내적 지표이며, 이것은 각자가 다르다. 이것을 절대 표준으로 만들고 외적으로 끌어내어 물질화한 것이 우리 시대 성공 담론이다.

그런데 이것은 굉장히 기형적이다. 똑같이 태어나는 사람은 단 한 명도 없는데 다 똑같은 목표를 갖게 하기 때문이다. 대단히 부자연스럽다. 인간의 실존과 개성이 전혀 고려되지 않는다. 이는 마치 다양한 모양의 도형을 하나의 틀에 억지로 욱여넣는 것과 같다. 그러나 이것은 구조상 불가능하다. 이것이 가능하다면 우리 모두 물질적 부와 사회적 성공을 이루어야 한다. 우리 시대 성공 담론은 아이러니하게도 수많은 패배자를 만드는 실패 담론이라는 말이다. 그래서 포기하는 청년들이 오히려 갈수록 늘어나는 것이다. 이런 현상을 가만히 들여다보면 이 역시 두 가지 원인을 찾을 수 있다.

첫 번째는 소수 자본주의의 확대이다. 자본을 일으키는 것은 욕망이다. 이 욕망이 획일화되어야 누군가는 큰돈을 번다. 인간이 너무 자기 개성이 넘치고 분산되어 자기 세계가 확고하면 욕망이 집중되기 어렵다. 정신분석학자 자크 라캉*Jacques Lacan, 1901~1981*에 따르면, 인간은 '대타자'*le Grand Autre*의 세계를 살아간다. 이는 우리의 자아가 늘 타자를 통해 '되돌아옴'으로써 형성되는 것을 말한다. 어린 시절 어머니와 아버지를 통해서, 그리고 성장하면서 친구들에게서, 성인이 된 후 미디어와 사회에서 늘 타자를 의식하면서 우리의 자아가 형성되어 가는 것을 의미한다. 그러므로 욕망이 집중되지 않으면 자본 가치는 하락한다. 금덩어리라도 사람들이 관심을 보이지 않으면 그냥 돌덩어리다.

두 번째는 권력이다. 권력이 형성되기 위해서는 두 가지가 필요하다. 바로 경쟁과 계급이다. 이는 같은 욕망을 가진 사람들을 한데 불러 모아 순위를 매길 때 가능해진다. 달리기하는데 아무도 관심 없고 참가하지 않으면 순위도 생길 수 없기 때문이다.

문제는 필연적으로 이 경쟁에 참여한 대부분이 실패자가

된다는 것이다. 20%를 위해 열린 경기이기 때문이다. 이것을 우리 시대 미디어와 교육이 강화한다. 그로 인해 종국에는 그것 외에는 모르는 사람이 된다. 그래서 인간은 전부 고유하게 태어나는데 교육이란 것을 통해서 통일화된다.

한 학급에 100명의 아이가 있다면 그 100명에게 다른 것을 가르치는 것이 아니라 모두 같은 것을 가르친다. 물론 기본 소양을 가르치기도 하지만, 문제는 성인이 될 때까지 통일화된 사회가 있다는 것이다. 불행하게도 우리 사회다. 우리는 유아 시절부터 같은 꿈을 꾸게 하고, 같은 공부를 하게 하며, 같은 가치관을 추구하게 만든다.

이렇게 한 사람의 성인은 개성이 완전히 말살된 채 사회에 나온다. 이는 사실 유아적 퇴행이다. 여기에서 사회병리학적 현상이 나타난다. 분석심리학을 창시한 카를 융*Carl Gustav Jung, 1875-1961*은 모든 인간은 자신의 개성을 실현하기 위해 태어난다고 보았다. 그는 이것을 '자기 실현'이라 말한다.

노벨상을 받은 독일의 현대 물리학자 베르너 하이젠베르크*Werner Karl Heisenberg, 1901-1976*는 음악에 재능이 많아 모두 그가 뛰어난 피아니스트가 될 것으로 생각했다. (많은 사람이 그가 피아니스트가 되길 원했다.) 그러나 그는 물리학자가 됐다.

그가 물리학을 공부하게 된 계기는 이렇다. 어린 시절 바흐의 D단조 화음을 듣다가 플라톤의 정다면체에 대한 사색이 떠올랐고, 여기에 원자의 구조를 상상하다가 내친김에 물리학을 공부했다는 것이다. 만약 우리나라에서 어떤 아이가 에미넴의 랩을 듣다가 아리스토텔레스의 가능태에 대한 사색이 막 떠오르고, 양자의 움직임에 대한 새로운 아이디어가 떠올라 갑자기 물리학을 공부하겠다고 하면, 심리 치료 대상자가 될 확률이 높다. 그리고 천재성이 드러나는 아이는 우리 사회에서 '의사'가 될 확률이 가장 높다. 슬픈 우리 사회의 단상이다.

이렇듯 인간은 누구나 자기 개성을 달성하려 하는 욕구가 무의식의 기저에 깔려 있다. 거기에 온전히 닿는 이들이 행복에 도달한다. 그러나 우리 사회는 그러한 욕구를 이미 초등 시절에 좀 거친 표현으로 '거세'해 버린다. 이런 억압된 심리 기제는 성인이 된 후 우울, 불안, 강박을 낳는다.

나 역시 30대 중반까지 이런 심리 상태에서 괴로워했다. 나의 고유성이 있다는 사실을 깨달은 것은 30대 후반쯤이다. 이후 나는 기존에 내게 주입된 모든 가치를 의심하기 시작했고, 그 의심 끝에서 자유를 찾아가고 있다.

니체는 자기 삶에서 '스스로 입법자'가 되라고 했다. 그의 말대로 스스로 '입법자'가 되어본 것이다. 이를 위해 과감하게 궤도를 이탈하는 용기가 필요했다. 이제는 내가 승인한 가치만을 따른다. 그렇게 하나하나 나의 가치관을 재정립했다. 그 과정에서 나의 고유성이 무엇인지 깨달아 가고 있다.

오늘도 유튜브, SNS에는 똑같은 욕망을 추구하는 사람들이 많다 못해 흘러넘친다. 그러나 저들은 정말 행복할까? 그렇지 않을 가능성이 크다. 행복이란 자기 안에 있는 것인데, 저들은 타인의 시선에서 자신의 행복을 찾기 때문이다. 행복이라는 요술 방망이를 내가 아닌 타인이 쥐고 있다.

'복불복'은 행복의 열쇠가 될 수 없다. 모두가 행복 경쟁을 하는 완벽하게 행복하지 않은 사회는 이렇게 탄생한다. 타인의 시선 속에서 자신을 잃어가고 있기 때문이다. 이것이 사르트르가 말한 "타인은 지옥이다."*L'enfer, c'est les autres*라는 말의 의미다. 자신을 잃으면 결코 행복해질 수 없다. 이는 텅 빈 궁전이기 때문이다. 생은 더욱더 자기 자신이 되는 과정이어야 한다.

지각이 존재다
지각하지 않는 건 당신을 괴롭힐 수 없다

영국의 경험주의 철학자 조지 버클리 George Berkeley, 1685-1753는 "존재는 지각되거나, 지각하는 것이다."라는 무지막지한 말을 했다. 그러나 이 철학 경구는 내가 가장 좋아하는 경구이기도 하다. 인생을 살아가면서 가장 실용적인 도움이 되었기 때문이다.

인간은 존재하지 않는 것을 지각할 수 없다. 우주의 모든 존재 중에서 인간이 발견하지 못한 것은 응용 상상할 수 없다.[16] 결국 존재란 인간의 '지각 경험'이다. 지각되지 않는 존재 때문에 행복할 일도 없지만 괴로워할 일도 없다는 것이다. (그러니 미인, 미남이랑 교제하지 못한다고 괴로움 같은 건 갖지 말자. 그냥 없는 셈 치자!!)

'무아'無我는 그러므로 완전한 평안 상태를 제공한다. 모든 만물은 인과의 그림자로 인해 인간에게 '사념'을 남긴다. 즉 지각하지 않으면 사념은 사라진다. 쉽게 이야기하면 인간이

---
16   신화 속 '유니콘'이라는 존재는 말이라는 존재를 인간이 알고 있기에 응용되어 상상할 수 있게 됐다.

화폐라는 존재를 발명하기 전에는 돈 때문에 괴로워할 일이 없었다는 소리다. 다이아몬드가 없다면 연인에게 결혼식 예물로 다이아몬드를 받지 못해 괴로워할 일도 없다. 고통의 본질은 상대적이다. 그 상대성이 지각되는 순간 고통도 시작된다. 놀랍게도 그 모든 것은 인간 인식을 주관하는 경험이 만드는 '관념 존재'라는 것이다.

    나는 삶에서 일부러 지각하지 않는 것들이 있다. 여태껏 내 친구들이 다 하는 코인, 주식, 부동산을 하지 않았다. (게임은 조금 했다….) 그 때문에 행복도 오겠지만 고통도 따라온다는 것을 알고 있기 때문이다. 지각되는 순간 집착이 시작되고 고통도 시작된다. 부처님 말씀처럼 들리겠지만, 이는 이미 뇌과학 연구에서도 밝혀지고 있는 과학적 진실이다. 보통 고통에 대한 자각은 '결핍을 의식'할 때 오기 때문이다.

    세계적인 뇌과학 연구자 데이비드 이글먼*David Eagleman, 1971-*은 선천적 시각장애인에 대해 "시각은 애당초 그들의 현실에 포함되어 있지 않았으므로 전혀 아쉽지 않다."[17]라고 말한다. 자신의 현실에 없는 것은 기쁨도 고통도 줄 수 없기 때문이다. 마찬가지로 박쥐는 초음파로 세상을 보지만, 인간은 박쥐를 부러워하며 초음파로 감각할 수 없다는 것을 아쉬워하지 않는다. 개는 인간보다 뛰어난 후각으로 인간이

---

17 데이비드 이글먼, 『무의식은 어떻게 나를 설계하는가』, 김승욱 옮김, 알에이치 코리아, 2024, 전자책, p.112.

맡지 못하는 냄새를 맡고 위험신호를 감지한다. 마약 탐지견은 뛰어난 후각으로 활약한다. 그러나 이런 능력이 인간에게 없다고 아쉬워하는 사람은 없다.

그런데 이것들을 결핍으로 느끼기 시작할 때가 있다. '준거집단 간 비교'가 일어날 때이다. '준거집단'*Reference Group*이란 나와 비교 기준이 되는 그룹을 말한다. 앞서 말한 시각장애인에게 준거집단은 자신의 친구, 가족이다. 그들은 보는데 나는 보지 못한다는 사실을 인식할 때 고통이 시작된다.

개나 박쥐는 우리의 준거집단이 아니기에, 이 동물들이 내게 없는 능력을 갖고 있다고 해도 그것이 '나의 결핍'으로 느껴지지는 않는다. 그러나 만약 어느 날 갑자기 기적이 일어나 대부분의 사람이 초음파를 듣고 냄새 맡는 능력이 10배씩 상승하고, 시력이 독수리처럼 좋아진다면 어떨까? 다만 나만 빼고 말이다. 그 순간 우리는 내게 그런 능력이 없는 것을 일종의 '장애'처럼 느낄 것이다. 그 순간 결핍의 감정이 시작된다. 생활하는 데 아무런 지장이 없어도 말이다.

부탄은 전 세계에서 가장 행복지수가 높은 나라였다. 그러나 최근 이 수치는 급격히 낮아지고 있는데, 전문가들은 SNS 유입의 영향이 크다고 보고 있다. SNS를 통해 준거집단 간 비교가 일어나면서, 그전에는 가축을 돌보며 행복해하던 소녀가 K-pop 콘서트를 보러 다니는 서울의 이름 모를 소녀에게 상대적 박탈감을 느끼게 되는 것이다.

그러나 준거집단 밖에서 이런 결핍은 잘 일어나지 않는다. 아마 여러분 중에서 테슬라 CEO 일론 머스크나 삼성전자 이재용 회장이 소유한 토지 가격이 수십 배 올랐다고 질투심을 느끼는 사람은 없을 것이다. 그러나 사촌이 땅을 사면 아마도 살살 배가 아파질 것이다. 이 심리 기제는 우리가 얼마나 자신과 비슷한 생활환경에 있는 사람과 끊임없이 비교하는지를 알려준다. 그러나 그들을 굳이 질투한다고 나의 행복도가 상승하지는 않는다. 그저 내 머릿속만 복잡하게 만들 뿐이고, 내 마음만 괴로울 뿐이다. 오히려 그들을 내 머릿속에서 깨끗이 지울 때 행복도가 상승한다. 나의 시선이 타인이 아닌 '나에게 되돌아'오기 때문이다.

나는 인생에서 가장 소중한 것은 '시간'이라고 생각한다. 한정되어 있기 때문이다. 그러나 사람들은 돈을 버리는 건 아까워해도, 시간을 버리는 것은 돈을 버리는 것만큼 아까워하지 않는다. 돈은 언제든 벌 수 있지만, 한번 버려진 시간은 다시 벌 수 없다. 모든 인간에게 공평하게 한정된 것은 '시간' 외에는 없다. 아무리 많은 부와 명예와 권력을 가지고 있는 사람도 죽음을 피할 수 없다.

한정된 시간을 내가 행복을 느끼는 것들로 채우기에도 모자란다. 고통당하다 죽고 싶지는 않기 때문이다. 이것을 일찍이 인도의 현자 '고타마 싯다르타'(붓다)가 깨닫고 '고집멸도'苦集滅道를 주문했다. 지각의 고통에서 탈출하라는 소리다.

그러기 위해서는 먼저 끊어내는 훈련이 필요하다. 나에게 그것은 우선 나의 지각 경험을 구분하는 일이었다. 내가 TV 시청을 최소화하는 것도 마찬가지다. 거기서는 쓸모없는 지각이 너무나 자주 일어나기 때문이다. 그것이 지각되는 순간 내 안에 존재하게 되며, 고통이 일어나게 된다. 특히 TV 속 남자 주인공들은 모두 지나치게 미남이다. 행인조차 나보다 더 잘생겼다. TV를 꺼야 하는 이유는 이것으로 충분하다.

　몇 해 동안 『신경 끄기의 기술 The Subtle Art of Not Giving a F*ck』이라는 책이 베스트셀러에 오르며 큰 인기를 끌었다. 그만큼 사람들이 수많은 지각 경험에 지쳐 있다는 걸 보여준다. (저자 마크 맨슨은 "당신이 인스타를 보면서 남들을 부러워할 때 그 인스타 속 주인공도 당신과 똑같이 누군가의 인스타를 보며 부러워할 것이다."라고 말한다.) 대부분 우리에게 고통을 주는 지각이기 때문이다. 그러므로 행복을 위해서 우리의 신경을 조정하는 훈련이 필요하다. 그것은 신경을 끄는 것이 아니라 내가 좋아하는 것들에 최대한 신경을 켜는 것이다. 그것이 나의 세계고 나의 존재가 되기 때문이다.

　인간 관념은 대단히 허술하여 자신을 스스로 속인다. 그 때문에 실상 고통당하면서 행복하다고 착각한다. 그 불행 포인트를 발견하고 구분할 줄 아는 게 지혜다. 존재는 지각하는 것이다. 또한 지각되는 것이다. 당신이 지각하지 않는다면 더 이상 그것은 당신에게 지각되지 않는다. 지각되지 않는 건 당신을 괴롭힐 수 없다.

"지소무내至小無內, 지대무외至大無外."
가장 작은 것은 안이 없고, 가장 큰 것은 밖이 없다.

중국 전국시대 명가名家 철학자 혜시惠施, 기원전 370-310[18]의 말이다. 가장 큰 것, 가장 작은 것은 결국 인간이 상상할 수 없음을 보여주는 문장이다. 우리는 안이 없고 밖이 없는 것 자체를 인식조차 할 수 없다. 무한대, 무한소로 수렴될 뿐이다. 결국 크다, 작다의 개념은 인간 경험(표상)을 기준으로 나눈 관념(언어)의 경계일 뿐이다. 작은 것이 사라지면 큰 것도 사라진다. 경계를 지으면 유한을 얻고, 경계를 지우면 무한을 얻는다. 즉 비교하지 않으면 작다는 상Image도 사라진다. 그렇게 가장 큰 일상을 살아갈 수 있다.

---

18 전국시대 송나라의 사상가로 장자와 철학적 논변을 자주 나눈 인물. 명가(名家)에 속하며 논리적·변증적 사유를 중시하였다.

삶의 이방인
우리는 여행자다

독일의 젊은 철학자 마르쿠스 가브리엘*Markus Gabriel, 1980-*은 '신실재론'*New Realism*이라는 새로운 인식 지평을 열었다. 그는 세상은 모두 허구의 세계라는 다소 파격적인 주장을 한다.

이미 오래전 임마누엘 칸트*Immanuel Kant, 1724-1804*가 '사물 자체'*Ding an sich*에 대한 인식 한계를 인간은 관념적으로 범주를 부여해 인지한다고 말했는데, 이것은 '사실 그 자체'가 아니다. 칸트에 따르면, 인간은 뇌와 육체라는 인식, 오감 기능을 통해서만 세상을 인식할 수 있다. 우리는 만지고 보고 듣는 기능을 통해서만 알 수 있다는 의미다. 그 밖의 모든 것은 경험 주관을 벗어나 객관적 추론을 통해 무엇인지 알 수 있다. 예를 들어 앞서 설명한 초음파 같은 것들이다. 우리는 그것을 오감으로 알 수는 없지만, 과학기술이라는 경험적 체계로 알 수 있다. 그러나 그것의 진짜 본질이 무엇인지를 정의할 수 없다는 것이 칸트의 입장이다.[19] 즉 '사물 그 자

---

19 칸트에 따르면, 인간은 후험적으로 경험된 체계로 인식할 수 있다고 한다. 이것을 '아 포스테리오리'(a posteriori)라 한다. 즉 세계는 인간의 뇌로 해

체'는 알 수 없다는 것이 칸트의 주장이다.

마르쿠스 가브리엘은 여기에서 한발 더 나아가 사실은 인간에게 존재하지 않으며, 의미만이 존재한다고 말한다. 그에 따르면, 인간의 여러 '의미장'Meaning Field 안에서 어떤 것은 어떤 때는 실존하고, 어떤 때는 실존하지 않는다. 그래서 문학과 예술은 비록 허구이지만 의미장 안에서 현존할 수 있게 된다. 사실로서의 허구를 의미로서의 실존으로 끌어내는 것이다. '허구를 믿는 인간'으로서 이스라엘의 역사학자 유발 하라리Yuval Noah Harari, 1976-도 비슷한 주장을 하지만, 가브리엘의 주장은 더 이론적이면서 분석적이다.

가브리엘은 여기에 더욱더 도발적으로 접근하여, 모든 것은 자연의 인과라는 현대의 자연주의Naturalism와 과학주의를 맹렬하게 비판한다. 이것 역시 인간의 의미장 안에서 해석되는 것이지, '사실 그 자체'는 아니라는 것이다. 최근 등장한 철학 이론 중 물질주의에 대한 가장 유의미한 도전이라고 볼 수 있다. 그런 입장에서 그는 현재 정설이 되어가고 있는 '뇌과학'도 비판한다.

그의 첫 번째 글로벌 히트작의 제목이 『나는 뇌가 아니다』이다. 인간의 정신은 생물학적 기계주의, 물질 정신론으

석한 개념적 세상이다. 그전에 선험적으로 이미 내재한 지식도 있다고 보았는데, 예를 들어 1+1=2 같은 원리를 직관적으로 알 수 있는 능력이다. 칸트는 이를 선험적 지식을 뜻하는 '아 프리오리'(a priori)라 정의한다. 그러나 칸트는 이 두 지식으로도 세계의 본질이 무엇인지는 정확히 알 수 없다고 한다.

로 해명할 수 없는 의미 파생이 발생하고, 이걸 설명하는 뇌과학의 논리는 허점이 많다는 것이 그의 주장이다. 그래서 그의 저작물들은 종교권에서 활발한 연구가 이루어지고 있다. 중세 신학에서 플라톤의 이데아를 연구했듯이 말이다. 그러나 가브리엘의 철학은 내가 보았을 때 다원주의Pluralism에 가깝다. 그의 의미장 이론은 종합되지만, 동시에 개인의 의미장으로 분열하기 때문이다. 그래서 마르쿠스가 말하는 세계는 정신의 다중우주Multiverse라고 볼 수 있다.

마르쿠스의 "나는 뇌가 아니다."라는 주장은 알베르 카뮈의 "나는 나 자신에게 영원히 이방인"[20]이라는 말이 떠오르게 한다. 데이비드 이글먼에 따르면, 우리는 뇌가 명령하는 일을 때로 무의식적으로 수행하고, 동시에 이를 의식하는 존재다. 만약 뇌가 나라면 일인칭 단수Singular로서 상대성이 없어야 한다. 그러나 우리는 날마다 뇌와 싸우고 때론 뇌를 설득한다. 의식이 곧 뇌라면, 이는 매우 기이한 귀결이다.

이글먼에 따르면, 우리는 뇌가 프로그래밍한 대로 행동하는 유기체다. 우리에게 명령을 내리는 개체는 뇌다. 우리가 보는 것, 듣는 것, 맛보는 것은 내가 느끼는 것이 아니라 뇌가 느끼게 해주는 것이다. 뇌가 지배하는 세계에서 일어나는 현상이다.

---

20   알베르 카뮈, 『시지프 신화』, 김화영 옮김, 민음사, 2024, p.38.

뇌는 '통 속의 뇌'*Brain in a vat*[21]이다. 어둡고 동그란 박스에 갇혀 있는 존재다. 그러나 귀와 눈, 피부를 통해 정보를 습득하고 그 정보를 해석해 현상을 만들어낸다. 우리는 그것을 보고 우리가 느끼고 있다고 생각하게 된다. 그러나 놀랍게도 뇌는 그것 중 하나가 없으면 다른 것을 통해 정보를 받아 세상을 해석한다. 이는 매우 개인적인 것이다.

상어의 뇌는 전자기파로 세상을 보여주고, 거북이의 뇌는 자기장을 감지하여 드넓은 바다 여행을 하게 해준다. 인간 중 일부는 '공감각'이라는 독특한 감각 체계를 가지고 있다. 그들은 색깔을 들을 수 있고 음악을 볼 수 있다. 시각장애인 등반가 에릭 웨이헨메이어*Erik Weihenmayer*는 입안의 전극 장치에서 정보를 받아 산의 지형지물을 파악하면서 산에 오른다.[22] 눈이 없다고 볼 수 없는 것이 아닌 것이다. 그렇다면 '사물 자체'란 과연 무엇인가에 대한 칸트적 질문에 다시 한 번 도달하게 된다. 인간의 주관적 이해를 통해 세상의 현상이 펼쳐지기 때문이다.

뇌는 때로는 고장 난 명령으로 인간의 자아를 잡아먹는다. 이글먼에 따르면, 평소 모범적이고 유능한 젊은이가 어

---

21 1981년에 철학자 힐러리 퍼트넘(Hilary W. Putnam)이 제시한 사고 실험. 뇌를 통 속에 넣고 외부의 자극을 프로그램화해 뇌에 주입하면, 그것이 가상 현실인지 진짜 현실인지 구분할 수 없다는 개념. 인간의 뇌 역시 가상의 자극을 현실인 것처럼 느낄 수 있다는 가설.

22 데이비드 이글먼, 『무의식은 어떻게 나를 설계하는가』, 김승욱 옮김, 알에이치 코리아, 2024, 전자책 p.64.

느 날부터 극심한 폭력 충동에 시달렸다고 한다. 그는 폭력 충동과 매일 전쟁을 치르다 결국 아내와 어머니를 살해하고, 총기 난사로 13명의 무고한 생명을 앗아갔다. 그는 유언을 남겼는데, 자기 뇌를 해부해서 폭력 충동의 원인을 찾아달라는 것(그는 어느 날부터 자신 안에 다른 누군가가 들어와 살고 있는 것처럼 느껴졌다고 한다.)과 재산을 자신처럼 폭력 충동에 시달리는 사람들을 치료하는 데 써달라는 내용이었다. 사후에 그의 뇌를 해부해 보니 감정을 억제하는 편도체 부분에서 커다란 종양이 발견되었다.[23] 즉 그에게 살해 명령을 내린 것은 '고장난 뇌'였던 것이다.

그렇다면 사람을 살해한 것은 '그'인가? 아니면 '뇌'인가? 그의 자아는 총을 들기 전까지 뇌의 명령에 격렬하게 저항했다. 이것을 굴복의 의미로 받아들인다면, 그는 그저 망가진 뇌의 잘못된 명령에 희생된 불쌍한 영혼일 뿐이다. (그래서 폭력적인 생각이나 비정상적인 성적 욕망에 계속 자극되면 빨리 병원에 가보는 게 좋다.)

그런 점에서 뇌라는 이 신비로운 조직은 여러 생각의 연합체로 각각의 부위가 자기 주장을 펼치는 거대한 토론장이다. 하나의 생각, 하나의 이상이 존재하는 것이 아니라 각 부위가 주장하는 이상이 있고, 이들이 격렬한 토론을 통해 합의한 결과가 바로 '나'라는 사람의 행동을 결정한다. 그렇

---

23 데이비드 이글먼, 『무의식은 어떻게 나를 설계하는가』, 김승욱 옮김, 알에이치 코리아, 2024, 전자책 pp.207~210.

게 따지면 나는 여러 생각이라는 '관념의 집합체'다.

그렇다면 당연히 나는 '복수'^{Plural}가 된다. '나'가 아니라 '나들'이고, 단일한 자아가 아니라 '복합적 조직'인 것이다. 이쯤 되면 최종 질문에 도달하게 된다. 과연 '나'란 무엇인가?

다시 카뮈의 문장으로 돌아가자. 나는 나에게 있어서 이방인이다. 육체는 나라는 이방인의 거처이고, 뇌도 그중 하나이다. 만약 그 생각들이 합쳐진 것이 나라면 나라는 단일체는 존재하지 않는 것이고, 나라는 단일체가 존재한다면 그것 역시 생각의 구조 중 하나라 볼 수 있다. 우리는 이 미로를 여행하는 영원한 이방인이다. '나'라는 존재를 특정할 수 없다면 결국 '나'는 만들어 가는 것이다. 미로 안에서 여행한 그 흔적이 '나'라는 실존으로만 규정될 수 있기 때문이다.

위버멘쉬
나를 긍정하라

나는 늘 긍정을 강조한다. 내가 그냥 실없이 낭만적인 놈이라서? 아니다. 나는 사실 허무주의자에 가깝다. 그런데 어떻게 삶을 비판하지 않고 긍정할 수 있을까? 모순적이라 느낄 수도 있을 것이다.

허무주의로 대표되는 철학자 아르투어 쇼펜하우어*Arthur Schopenhauer, 1788-1860*는 세상이 허무로 가득 차 있다고 하면서, 세상은 아무런 의미가 없는 절망이라 했다. 그런데 그도 노년까지 참으로 열심히 살았다. (철학자들은 종종 자기 삶으로 자신의 주장을 반박한다.)

그는 왜 그랬을까? 내 생각도 마찬가지다. 아주 멋지게 오래 살 것이다. 이유는 허무를 통해 오히려 '삶의 긍정성'을 발견했기 때문이다. 무슨 뜻이냐 하면, 세상에 아무런 의미가 없으니 모든 의미는 나로부터 출발한다는 것을 알았기 때문이다. 내가 의미 있게 살면 되는 것이다.

세계는 그저 현상이다. 이 세계라는 현상에는 아무런 의미가 없다. 그냥 있다. 그러나 그냥 있는 게 아닌 게 딱 하나 있다. 세계를 사유하는 바로 '나 자신'이다. 즉 나는 현상 속 유일한 주체이다.

모든 것은 나의 인식에 포착되는 사태일 뿐이다. 내가 곧 '의미 부여자'다. 태양은 그냥 돌지만 나는 그냥 돌지 않는다. 동식물은 그냥 먹지만 나는 그냥 먹지 않는다. 모든 것은 그냥 살다 죽지만 나는 그냥 살다 죽지 않는다. 무엇보다 그것들은 나에게 의미를 부여할 수 없지만, 나는 그것들에게 의미를 부여할 수 있다.

내가 바로 나를 둘러싼 세계에 유일하게 의미를 부여하는 존재이다. 내가 긍정하는 순간이 세계의 의미가 생기는 순간이다. 즉 나는 세계를 긍정하는 것이 아닌 나를 긍정하는 것이다.

의미는 '나의 밖'이 아닌 '나의 안'에 있다. 그래서 허무주의는 반드시 비관이 아닌 자기 실존에 대한 자각으로 이어질 수밖에 없다. 세상에 대한 허무는 '자기 긍정성'이라는 역설을 품고 있는 것이다.

현대 철학의 문을 연 니체의 성찰도 여기에 있다. '영원회귀'[24]를 이겨내는 초인[25] (위버멘쉬로 불리나 현대에는 슈퍼맨으로 번역된다. 다만 영화 〈슈퍼맨〉을 떠올리면 곤란하다. 죽었다

---

24 영원회귀(永遠回歸, 독일어 ewig wiederkehren)란 동일한 생이 매번 반복된다는 의미로 니체 존재론의 핵심을 담고 있는 사상이다.
25 독일어 위버멘쉬(Übermensch)는 기존의 관습이나 체계, 도덕적 계율을 넘어서 자신의 이상을 실현해 가는 존재로서의 인간을 뜻하며, 니체 사상의 중심 개념이다.

깨어나도 빌딩을 집어 던질 수는 없다.)은 바로 이렇게 탄생한다.

니체는 자신의 저서 『비극의 탄생』에서 자신을 '수수께끼를 푸는 자'로 규정한다. 니체의 화법은 매우 독특한데 '나'라는 표현보다는 자신을 항상 '이 사람' 내지 '무엇무엇 하는 사람' 같은 식으로 마치 타자를 바라보듯, 관찰하듯이 말한다. 자신 역시 일종의 탐구 대상으로 보는 니체 특유의 인간학에 대한 시선이 느껴진다. 자신을 '메타 인지'^{Metacognition} 하는 것으로, 이는 '실존성'의 표현이기도 하다.

어떻든 니체의 '수수께끼를 푸는 자'라는 표현은 삶을 대하는 그의 자세가 어떠했는지를 말해주는 실마리이다. 니체는 마치 추리소설같이 세계가 '의문스러움'으로 가득 차 있다고 본 것이다. 여기서 인간은 두 가지 삶을 선택할 수 있다. 순응하는 삶 혹은 풀어내는 삶이다.

삶은 그저 우리에게 주어진 것이지만, 세계는 온갖 부조리와 난제들로 가득하다. 니체에겐 그것을 그냥 있는 그대로 받아들이는 삶이 있고, 적극적으로 생각하고 풀어내는 삶이 있다. 니체의 수수께끼를 푸는 자는 여기서 후자의 자신을 말하며, 이것은 생의 적극적 의지를 표명하는 단어이다. 아무것도 궁금해하지 않고 주어진 대로 사는 삶을 니체는 '노예의 삶'으로 생각했기 때문이다. 그래서 이 언명은 적극적으로 해석하고 풀어내는 '주인의 삶'을 살라는 의미가 있다. 이런 '주인의식'을 기반으로 니체의 치열한 사유가 전개된다.

니체는 특히 '염세주의'^{Pessimism}를 경계했다. 쇼펜하우어 철학의 영향을 받았지만, 니체는 쇼펜하우어가 진정한 고통을 모르는 철학자라 생각했다. (실제로 쇼펜하우어는 아버지가 물려준 유산으로 비교적 안락한 삶을 살았다.) 니체는 진정한 고통은 오히려 '자기 창조'로 이어진다고 보았기 때문이다. 니체는 이를 임산부의 출산에 비유한다. 임산부는 엄청난 산고의 고통 가운데서 하나의 세계를 탄생시킨다. 모든 고통은 인간에게 이와 같은 강한 '힘의 의지'를 주는 생명력이다. 니체의 삶 역시 그랬다.

그는 온갖 질병으로 고생했는데, 특히 두통이 심했다. 그는 칸트나 헤겔처럼 좀 더 체계적이고 이론적인 철학서를 쓰고 싶어 했다. 그러나 조금만 몰입하면 찾아오는 강력한 두통 때문에 복잡한 이론서를 쓸 수 없었다. 니체는 단 몇 시간 만이라도 고통 없이 글을 쓸 수 있는 시간을 간절히 바랐다. 그러나 그런 한순간의 평안조차 니체에게 주어지지 않았다.

그러나 니체는 좌절하지 않았다. 그의 글쓰기는 시와 은유를 품은 아포리즘^{Aphorism}으로 발전해 나갔다. 머릿속에 떠오르는 문장들을 보다 편한 방식으로 정리하며 더욱 맹렬히 달려 나간 것이다. 좌절하지 않고 고통을 발판 삼아 자기의 창조력을 최대한 발휘했다. 그 덕분에 오히려 니체만의 강렬한 문체와 그 어디에서도 찾아보지 못한 '철학적 예술'이 탄생한다.

혼돈과 고통, 죽음조차 품어내는 삶을 향한 강한 열망, 『비극의 탄생』에 등장하는 디오니소스^{Dionysos}[26]적인 열정이란 바로 이것이다. 고통을 품은 창조, 해 질 녘 붉은 노을 같은 간절한 아름다움, 어둠을 품은 빛이 가장 열정적인 법이다.

니체가 자기 삶에서 '스스로 입법자'가 되라고 했던 것도 이런 맥락에서다. 인생의 답을 타인이나 어떤 특정한 전통에서 찾지 말라는 권고다. 그가 쇼펜하우어의 염세주의를 그대로 계승하지 않았듯이 말이다. 누가 알려준 답을 따르지 말고, 나 스스로 궁금해하고 풀어낸 정답을 따라 살라는 이야기다.

사실 새로운 건축을 위해선 먼저 허물어야 한다. 그래야 그 공터에 새로운 창조를 할 수 있기 때문이다. 허무는 자만이 새로 지을 수 있다. 니체에게 허물어야 할 대상은 기존의 사람들이 어떤 의문도 갖지 않고 따랐던 구태, 인습 같은 것들이었다. 그리고 오직 삶의 적극적 의지를 가진 자만이 이것을 허물고, 고통과 죽음마저 긍정하며 삶을 살아간다. 그리고 그 위에 자신을 건축한다. 바로 이 사람이 창조하는 자, 위버멘쉬넘어선^{Über} 사람^{mensch}, 즉 '초인'이다.

행복에 대해서도 초인적 정신이 필요하다. 행복은 오는

---

26 그리스 신화에 등장하는 축제의 신, 재생과 생명을 상징한다.

게 아니라 내가 창조하는 것이다. 쇼펜하우어는 '세계는 나의 표상'이라 했다. 표상은 독일어로 '내가 그린 그림'[27]이라는 뜻이 있다. 그러기 위해선 그간 '나의 그림'을 가리고 있던 '남의 그림'을 먼저 지워야 한다.

1998년 개봉한 〈트루먼 쇼〉는 철학의 인식론적 관점을 이해하는 데 무척 좋은 영화다. 이 영화가 주는 메시지를 한 문장으로 표현하자면 "진실한 인식을 위해선 진실한 정보가 필요하다."라는 것이다. 그리고 살아가는 것이 바로 삶이란 것이다.

진실한 정보는 바른 인식을 주고, 궁극적으로 나의 선택을 온전히 나의 것으로서의 삶을 살아가게 한다. 어쩌면 우리의 세계도 한편의 트루먼 쇼다. 각자의 목적으로 연기하는 연기자들이 넘치기 때문이다. 이런 연기만을 보게 되면 결국 세상이 연기하는 대로 나도 연기하게 된다. 영화 속 트루먼은 그 세계의 유일한 진실이다. 우리의 인식이 그렇다. 그래서 영화 속 트루먼처럼 스스로 의심하고, 탐구하는 자세가 필요하다. 그것 없이 진실한 정보는 우리에게 스스로 다가오지 않는다. 트루먼처럼 간절하게 진실의 바다를 항해해야 망각된 삶에서 벗어날 수 있다.

인식적 깨달음을 영화적 상징으로 묘사한다면 트루먼 쇼의

---

[27] 독일어로 vorstellung. vor는 '앞'을 뜻하고 stellen은 '그림'을 뜻한다.

마지막 장면일 것이다. 세계는 내가 헤쳐 나가야 할 트루먼 쇼다. 트루먼이 살던 세계의 설계자는 안전하게 설계된 이곳에 머물라고 설득하지만, 트루먼은 그렇게 하지 않는다. 생애 끝까지 용기를 가지고 탐구하는 자만이 다음 문을 열 수 있기 때문이다. 대문호 헤르만 헤세_Hermann Karl Hesse, 1877-1962_의 말처럼 "태어나고자 하는 자는 한 세계를 부수어야 한다."

쇼펜하우어
괴로움의 철학자

쇼펜하우어 이야기를 좀 더 해보자. 지난 몇 년간 서점가에서 쇼펜하우어의 인기가 매우 뜨겁다. 몇 해 전 니체 열풍을 이어가는 느낌이다. 사실 쇼펜하우어는 평생 열등감에 괴로웠던 사나이다. 그는 독일 철학자 게오르크 헤겔Georg Wilhelm Friedrich Hegel, 1770~1831을 평생 경쟁자로 생각했다. 그러나 당대에는 헤겔에게 밀려 무명을 벗지 못했다. (사실 당시 헤겔과 쇼펜하우어의 차이는 지금으로 따지면 차은우와 내 얼굴만큼이나 비교 불가 수준이었다.) 이런 열등감은 쇼펜하우어를 괴롭혔다. 쇼펜하우어의 강아지 이름이 헤겔이라는 일종의 설(?)이 있을 정도로 그를 싫어했다는 건 너무나 유명하다. (나는 차은우를 싫어하지 않는다.)

헤겔과 쇼펜하우어 모두 본인이 임마누엘 칸트의 계승자라고 생각했다. 그러나 당대 철학계는 헤겔의 손을 들어주었다. 헤겔의 세계 이성과 절대 정신, 이런 거대 사상의 개념은 뜨거운 열망으로 사람들의 가슴을 뛰게 했기 때문이다. (훗날 마르크스가 헤겔의 변증법을 비판적으로 수용하면서 그의 명성은 현대에도 이어진다.) 당시 쇼펜하우어는 헤겔과 대결하려고 일부러 헤겔의 강의 시간과 같은 시간에 강의를 개설했다. 그런데 학생들이 다 헤겔에게 갔다.

헤겔에게 가려진 쇼펜하우어, 그러나 오늘날에는 쇼펜하우어의 인기가 더 많다. 시간이 지날수록 점점 그가 더욱 인기를 끄는 이유가 있다. 그의 철학이 헤겔식의 거대 담론이 아닌 개인의 삶에 집중하고 있기 때문이다. 이것을 '생의 철학'Philosophy of Life이라고 한다. 점점 개인주의가 확산하는 현상과도 맞물려 있다고 볼 수 있다. (개인주의를 이기주의로 혼동해서는 안 된다. 개인주의는 개인의 개성과 취향을 존중하는 삶을 말한다.) 무엇보다 그의 철학이 대중들에게 뜨거운 반응을 끄는 이유는 무척 쉽기 때문이다.

사실 쇼펜하우어의 철학도 결코 쉬운 철학은 아니다. 그의 대표 저서인 『의지와 표상으로서의 세계』Die Welt als Wille und Vorstellung는 극강의 난이도를 자랑한다. 헤겔을 의식하면서 이 책을 썼기 때문이다. 그는 헤겔의 철학이 칸트의 철학을 잘못 해석했다고 생각했다. 그래서 본인의 저서로 이것을 바로잡고 싶어 했다. (그러나 당시 100권 정도 팔렸다고 한다.) 이 책에 대한 재미난 일화가 있다. 니체가 이 책을 서점에서 우연히 발견했을 때 이런 환청이 들렸다는 것이다. "이 책을 가져가라~~." 니체는 밥도 안 먹고 잠도 안 자고 책을 읽었다고 한다. 니체의 철학에 상당히 큰 영향을 미친 인물이 바로 환청의 쇼펜하우어다. (이 책을 가져가라~~.)

이후 실존철학과 정신분석학의 창시자 지그문트 프로이트Sigmund Freud, 1856-1939에게도 강력한 영향을 주었다. 심지어 아인슈타인도 쇼펜하우어의 팬이었는데, 상대성 이론을 어린 시절 읽은 칸트와 쇼펜하우어의 철학에서 아이디어를 떠올렸다고 한다. 시대를 바꾼 엄청난 사상가들이 쇼펜하우어에게 영향을 받은 셈이다.

그러나 실상 오늘날 대중적 인기는 이런 사상가들을 매료시킨 쇼펜하우어의 철학적 이론에서 비롯된 것이 아니라, 그가 가볍게 쓴 일기에서 비롯되었다. 그는 평생을 헤겔에게 밀려 철학의 변방에서 괴로워하며 마구 독설을 내뿜었다. 대부분은 인생 한탄과 촌철살인이 맞물려 있는 글이다. 솔직히 조금 지질했다고 볼 수 있다. 그러나 그런 지질함이 철학자다운 사유와 재치, 아름다운 문장과 함께 엮여서 그만의 신선한 문제의식이 담긴 강렬한 문체가 되었다.

그렇게 무명 철학자로 오랜 세월을 보낸 뒤에 쇼펜하우어는 매우 난해하고 어려운 『의지와 표상으로서의 세계』를 한번 쉽게 써보기로 한다. 평소 자기 스타일대로 말이다. 이것이 『여록과 보유』라는 에세이집으로 나왔고, 이 책이 그야말로 초대박을 터트린다. 이후 그가 넘어진 게 뉴스가 될 정도로 유명세를 치른다. 철학자로서가 아니라 먼저 에세이스트로 인정받은 것이다. 이후 그의 『의지와 표상으로서의 세계』가 재평가되면서 시대를 대표하는 철학자에 이름을 올린다. 그의 나이 62세였다. (당시 유럽 평균 수명은 40~50세로 상당히 고령이었다.)

현재 서점가에서 인기를 끄는 그의 문장들도 대부분 그의 이론서가 아닌 『여록과 보유』에 실린 문장들, 주고받은 편지, 일기 메모 같은 것들이다. 즉 현대로 따지면 온 힘을 다해 각 잡고 쓴 필생의 역작은 망했는데, 쉬는 시간에 투덜거리며 SNS에 가볍게 올린 글이 초대박을 터트린 셈이다. 당시 쇼펜하우어조차 "다 늙어서 이게 뭔가." 하며 어리둥절해 했다고 한다. 이후 그는 "유명해지니 이젠 늙어서 죽게 생겼다."라며 더 지독한 독설가가 되었다.

사실 그가 평생 유명해지고 싶었던 이유는 그의 어머니 영향이 컸다. 그의 어머니 요한나 쇼펜하우어*Johanna Schopenhauer, 1766-1838*는 당시 유명 작가였다. 그녀는 살롱 문화를 선도하며 이름을 알렸으며, 자부심이 매우 강한 여성이었다. 당대 또 한 명의 천재인 괴테는 일찌감치 그녀의 아들 쇼펜하우어의 재능을 알아보고 "당신의 아들은 유명해져 이름을 남길 것입니다."라는 말을 했다고 한다. 그러나 그 말을 들은 그녀의 대답은 "한 집안에서 두 명의 천재가 나올 수 없어요."였다. 심지어 아들의 재능을 설명하려는 괴테를 밀치기까지 했다. 자식의 재능을 질투하는 엄마라니! 이런 경험 때문일까? 이후 쇼펜하우어는 여성에 대한 혹평으로 여성 혐오주의자라는 오명을 쓰게 된다. 쇼펜하우어가 현대 대한민국에서 태어났다면 보다 부드러운 남자가 될 수 있었을까? 그래서 이 형이 다소 괴팍해도 조금 이해해 주자.

아무튼 이 일화가 주는 교훈은 인생이란 계획대로 안 된다는 것이다. 자신과 세상이 만날 때 자신이 생각했던 흐름과 세상의 흐름은 다를 수 있다. 왜냐하면 세상과 나는 상호작용을 하는 관계이지, 일방적인 관계가 아니기 때문이다.

쇼펜하우어가 현재 대한민국에서 본인이 서점가 슈퍼스타라는 사실을 알면, 아마 그 특유의 독설로 다시 한번 "다 죽어서 이게 뭔가."하며 인생무상을 떠들 게 뻔하다. 어디 그만 그런가? 니체도 정신을 놓고 나서야(니체는 생의 마지막 10년을 정신분열 상태에서 보냈다.) 슈퍼스타가 됐다.

이렇듯 인생사란 솔직히 운(흐름)이 많이 작용하는 것을 부인하기 어렵다. 아마 쇼펜하우어도 인정할 것이다. 다만 충분히 준비하고 있으면 되는 것 같다. 인생의 파도가 언제 닥쳐올지 몰라도, 확실한 건 닥쳐온 파도를 탈 수 있는 사람은 잘 훈련된 서퍼밖에는 없다는 사실이다. 쇼펜하우어는 잘 훈련된 서퍼였다. 그래서 그의 글은 여전히 살아 움직인다. 그러니 오늘 하루의 실패를 낙담할 필요 없다. 내가 잘 준비되어 있다면 그것으로 충분하다. 죽어서도 사는 인생, 오늘날 쇼펜하우어처럼 말이다.

욕망을 넘어
진정한 자유를 찾아서

쇼펜하우어의 삶을 돌아봤으니 이제 그의 '핵심 철학'을 살펴보자. 앞에서 보았듯이, 그는 평생을 욕망, 인정욕구, 시기, 질투에 사로잡혀 있었다. 그런데 그의 별명이 '프랑크푸르트의 부처'였다는 사실은 매우 아이러니하다. 원래 철학자들은 자신의 결핍을 기반으로 사유의 세계를 구축하는 법이다. 어떻든 이는 그의 철학 전반에 흐르는 불교적인 사색으로 인해 붙여진 별명이다.

쇼펜하우어는 평소 '삶의 본질은 고통'이라고 이야기했다. 이는 불교의 '고苦'를 떠올리게 한다. 그리고 이 고통의 원인을 의지(욕망)로 보았다. 이는 '집集'을 떠올리게 한다. 고통에서 탈출하기 위해 그가 제안한 방식은 금욕과 관조이다. 이는 '멸滅'을 떠올리게 한다. 그래서 그는 명상, 철학, 예술적 사유는 욕망에서 탈출하기 위한 좋은 수단이라고 보았다. 이는 '도道'를 떠올리게 한다. 이를 합치면 '고집멸도苦集滅道'가 된다. 왜 그의 별명이 프랑크푸르트의 부처가 됐는지 이해되는 대목이다.

그러나 쇼펜하우어의 금욕주의는 쉽게 오해받는다. 마치 어떤 이상이나 자연주의에서 비롯된 절제처럼 보이지만, 실상은 그와 거리가 멀다. 그의 금욕은 '윤리학'이 아니다. 오히려 철저히 이기적이다. 그는 금욕을 인간 해방의 길로 보았을 뿐이다.

이것은 동양에서 말하는 고행을 통한 깨달음과도 다르고, 서양 중심 종교가 요구하는 속죄나 종교적 경건주의와는 더더욱 다르다. 쇼펜하우어에겐 이 또한 또 다른 고통일 뿐이다. 쇼펜하우어에게 금욕은 도덕의 무거운 덕목이 아니라, 고통을 피하기 위한 치열한 자기 투쟁이었다. 그는 '의지' 곧 욕망이란 악덕을 부리는 주인이라고 보았다. 그리고 의식을 그 노예로 간주했다. 이것이 쇼펜하우어가 말하는 욕망 담론의 핵심이다.

의식은 늘 원치 않는 일을 한다. 왜냐하면 주인인 욕망이 끊임없이 명령하기 때문이다. 그러나 그 명령을 수행한 결과는 결코 만족이 아니다. 오히려 더욱 깊은 결핍의 수렁이다. 욕망의 지시를 따를수록 인간은 평생 끝나지 않는 허기 속에서 허덕인다. 그의 표현대로 "영원히 굴러가는 익시온^{Ixion}[28]의 수레바퀴이자, 해소되지 않는 탄탈로스^{Tantalus}[29]의 갈

---

28 고대 그리스 신화의 등장인물. 신을 모독한 죄로 영원히 회전하는 불타는 수레바퀴에 묶이는 형벌을 받는다. 이 형벌은 욕망의 끝없는 반복, 고통의 무한성을 상징한다.
29 고대 그리스 신화의 등장인물. 신의 비밀을 인간에게 누설했다는 죄로 물이 목까지 차오르는 곳에 갇힌다. 그러나 갈증이 나서 물을 마시려고 하면

증"[30]이다.

문제는 그로 인한 불안감과 고통을 언제나 욕망이 아닌 의식이 감당해야 한다는 점이다. 욕망은 결정하지만, 책임지지 않는 독재자이기 때문이다. 프로이트는 쇼펜하우어가 발견한 이 독재자에게 '무의식'이라는 이름을 붙였다.

의식은 애초부터 그물에 걸린 예속 상태로 태어났다. 그것이 인간 자아의 비극적 숙명이다. 그래서 쇼펜하우어는 욕망의 지배에서 벗어나는 것을 진정한 자유라고 본 것이다. 욕망이라는 폭군의 손에서 의식을 구출하는 것. 그것이 해방이다.

욕망의 사슬을 벗는 순간, 우리는 처음으로 세계를 자유의지로써 바라볼 수 있게 된다. 그제야 비로소 사물의 객관적 진실을 볼 수 있는 눈을 갖게 된다. 그리고 그 진실은 영원한 행복을 선물한다. 쇼펜하우어에겐 고대 현자 에피쿠로스 Epicurus, 기원전 341-270가 그 지점에 도달한 자다. '아타락시아'ataraxia, 욕망의 흔들림 없이 고요한 사유 속에 머무는 상태. 이것이 쇼펜하우어에게 진정한 주인의 삶이다.

이것은 전통적인 윤리학이나 도덕주의자들의 연설과는 다르다. 이 철학에는 '올바름'이라는 사회적 목표가 없다.

수위가 내려가고, 과일이 앞에 있어도 손을 뻗으면 공중으로 올라가는 형벌을 받는다. 보이지만 영원히 닿을 수 없는 욕망을 상징한다.

30 아르투어 쇼펜하우어,『의지와 표상으로서의 세계』, 곽복록 옮김, 올재 클래식스, 2021, p.51.

그는 훌륭한 사람이 되기 위해 참으라고 말하지 않는다. 그의 사유에는 남을 위한 이상적 인간상이 존재하지 않는다. 고결한 목적이 없다. 그저 실존적이다. 욕망이 주는 빵에 너의 삶에 사슬을 채우지 말라는 것뿐이다. 이는 의식의 권력 투쟁에 가깝다. 그것을 쇼펜하우어 특유의 독설적인 한마디로 정리하면 이렇다.

"너 자신을 위해, 이 뭣 같은 욕망에서 탈출하라."

나와 나의 화해
나를 용서하는 법

쇼펜하우어 이야기를 했으니, 이제 그가 그토록 싫어한 '헤겔' 이야기를 해보자. 헤겔에 따르면, 정신은 여러 가지 복잡한 현상이다. 마치 촛농 위 불빛과 같다. 이 불빛은 바람에 의해 좌로 또는 우로 흔들리기도 하고, 움츠러들었다가 활활 타오르기도 한다. 그래서 '나'라는 정신은 현상이다. 어떤 정신을 구성하는 무리가 잠시 하나의 구조를 이루어 유기적으로 움직인다. 이런 관점에서 인간 자아는 여러 생각들의 뭉침이다. 이와 같은 여러 생각들은 반복되는 연상을 통해 서로가 서로와 대립하고 때로는 화해한다. 나의 육체는 이런 '정신의 경연장'이다.

헤겔은 이런 정신의 현상적 측면을 깊게 탐구했다. 철학사의 걸작 『정신현상학*Phänomenologie des Geistes*』은 인간의 역사에서 의식, 이성, 정신, 절대지로 나아가는 인간 정신의 위대한 여정을 담았다. 물론 그로 인해 '역사법칙주의'라는 비판과 함께 많은 독재자에게 영감을 주기도 했지만, 헤겔의 이런 정신 탐구는 역사적 서사를 넘어 개인의 삶에 일어나는 정신적 측면을 객관적으로 판단하는 데도 유용하다.

헤겔에 따르면, 인간의 자아는 '도덕적 자아'와 '욕망의 자아'가 대결하는 결투장이다. 이들은 서로 대립하고 화해하길 반복한다. 누구나 그런 경험이 있을 것이다. 어떤 대의를 위해 손해와 희생을 감수하는 것, 이는 칸트가 이야기한 도덕 준칙적 행동이다. 또 어떤 때는 욕망으로 불타올라 마음 가는 대로 행동하고 그다음 날 후회했던 일도 있었을 것이다. 그리고 이 두 자아는 늘 끊임없이 서로를 비방하고 때로는 회의하며 서서히 하나가 된다. 그리고 그 교집합 속에서 하나의 독특하고 유일무이한 정신을 지닌 '나'라는 정신이 탄생한다. 이것을 헤겔은 '상호 화해'相互 和解, Mutual Reconciliation[31]라고 말했다. 다른 말로 표현하면 나와 나 자신의 화해라고 말할 수 있다.

고대 페르시아인들은 어떤 중요한 결정을 할 때, 한 번은 술 취한 상태에서 선택하고, 또 한 번은 멀쩡한 상태에서 결정했다고 한다. 두 상태에서 같은 선택을 했을 때 최종 결정을 내렸다. 행동경제학자들은 이를 무의식적 상태와 의식적 상태를 모두 검증하기 위한 페르시아인들의 지혜였다고 설명한다. 결정의 명확성을 얻기 위한 이중 검증인 셈이다. 하나

---

31 주체와 타자가 서로를 긍정하며 받아들이는 과정. 상호 인정(Anerkennung)이라는 헤겔의 역사적 시선과도 맞닿아 있다. "나 혼자서는 자기의식이 완성되지 않는다. 오직 타자의 안정과 나의 인정이 '상호화'될 때, 진정한 자기의식이 가능하다."라는 헤겔의 문장에 잘 나타나 있다.

는 뜨거운 상태라고 불리는 감정의 상태이고, 하나는 차가운 상태라고 불리는 이성의 상태이다. 이 두 부분이 일치할 때 인간은 후회하지 않는다는 것을 페르시아인들은 알고 있었다.

이렇듯 우리 정신 안에서 일어나는 도덕적 자아(정)와 욕망적 자아(반)는 끊임없는 투쟁을 통해 어느 순간 '화해'에 이른다. 그렇게 우리는 성장하고 우리 삶의 서사를 써 내려간다. 그러니 너무 실망하지 말자. 당신의 실수는 어쩌면 당신이라는 정신을 만들기 위해 필요했던 안티테제Antithesis(반정립)일 수 있다. 다만 그것에 머무르지 않고 계속 정진(새로운 합)하는 것이 중요이다. 이에 우리는 자신의 미숙했던 과거에 조금은 관대해질 필요가 있다.

2001년 개봉한 영화 〈봄날은 간다〉에서 남자 주인공은 변심한 연인에게 이렇게 말한다. "사랑이 어떻게 변하니?" 이 명대사는 지금도 패러디되고 있다. 그런데 생각해 보면 사랑은 변하는 것이고, 또한 변해야 한다. 영화 속 남자 주인공은 이별을 선언하면서 자신의 과거와도 이별을 선언한다. 그 변함으로써 성장을 이룬다. 마지막 장면에서 그가 웃는 모습이 그것을 상징한다.

인간이 변한다는 것은 일종의 허물을 벗는 변태의 과정이다. 만물의 모든 질서는 '변함'이다. 그 변함은 늘 교체되는 과정이고 새롭게 거듭나는 과정이다. 우리의 육체 역시 마찬가지다. 우리의 세포는 늘 생성 소멸 상태에 있다. 10대 때 가지고 있던 몸은 현재 우리 몸이 아니다. 인간의 세포는 80일 주기로 모두 교체되기 때문이다. 그래서 인간을 육체로 본다면 '나'라고 말할 수 있는 건 없다.

그를 혹은 그녀를 안았던 몸은 이제 세상에 없다. 자동차에 비유해 보자. 세월이 흘러 외표면은 물론 부품도 모두 교체했다. 그렇다면 그 자동차는 처음 샀던 것과 동일한 자동차인가? 인간의 정신도 마찬가지다. 늘 변하고 흐른다.

지금 생각하면 나 역시 10대 때 나와 20대 때 나, 30대 때 나, 그리고 현재 나는 완전히 다른 사람이다. 세계관이 모두 바뀌었기 때문이다. 아마 20대의 내가 타임머신을 타고 현재의 나를 만나러 온다면 매우 불쾌해하며 돌아갈 게 분명하다.

그렇다면 '나'라는 '자기 고정성'은 어디서부터 오는가? 그것이 우리 정신의 매우 독특함인데, 뇌세포가 전부 교체됐음에도 같은 기억을 공유한다는 점 때문이다. 이는 인간이 하드웨어가 아닌 소프트웨어임을 말해주는 표징이다. 그래서 나는 인간을 물질 이상의 존재로 본다.

어떻든 이런 속성은 우주의 속성이다. 우리가 아무리 어떤 시간의 어떤 공간 안에 영원히 머물고 싶어도 그것은 우리에게 있을 수 없는 일이다. 인간의 정신은 본래 여행자로 태어났기 때문이다. 그래서 '자기 동일성'이라는 것은 일종의 함정이 된다. 라캉의 철학에 빗대면, 인간의 상상계(이미지)[32] 안에서 존재할 뿐이다. 그러나 그것은 현실계(존재의 본질)[33]가 아니다.

그러니 옛 과거를 떠올리며 괴로워할 필요가 없다. 그때의 나는 이미 세상에 존재하지 않기 때문이다. 이는 나비가 된 번데기가 애벌레 시절을 그리워하는 것과 같다. 모든 것이 변한다는 것은 매우 자연스러운 것이다.

그러므로 우리는 과거와 헤어지는 법을 배워야 한다. 사랑도 우정도 행복도 삶의 철학도 모두 변한다. 타인에게도 이 기준을 적용한다면 모든 것이 자연스러워진다. 물은 그저 어느 곳에서 잠시 만났다 다시 흩어질 뿐이다. 아마 10년 뒤, 나도 현재의 내가 아닐 것이다. 그렇게 우리는 이미 지나가 버린 과거와 화해하며 현재를 사랑할 수 있는 법을 배운다.

---

32 자아는 거울 단계(Mirror Stage)에서 시작한다. 아기는 거울에 비친 자신의 모습을 보고 자아를 형성한다. 사회로 나아가면서 그 사회라는 거울에 비친 나의 이미지를 구축하고 자아로 인식한다.
33 존재하는 그대로의 세계, 인간의 언어로 규명될 수 없고 포착될 수 없는 세계. 칸트의 '사물 자체'를 떠올리면 된다.

행복 감각 능력
아는 것이 행복이다

'환상사지 증후군'Somatoparaphrenia이라는 병이 있다. 어떤 사고로 다리나 팔을 잃은 사람이 마치 없어진 손발이 있는 것처럼 느끼고, 통증과 감각도 느끼는 환상지의 현상이다. 이것을 거꾸로 하면, 몸에 병이 있어도 환상지로 통증을 못 느낄 수도 있음을 의미한다. 이미 불교에서 높은 경지에 오른 수행자들에게 실제로 나타나는 현상이라고 한다. (오늘 거울 앞에 서서 '나는 잘생겼다'라고 세 번씩 외쳐보자.)

이는 의식이 행복과 고통도 지어낼 수 있다는 것을 말해준다. 즉 우리가 어떻게 의식을 단련하느냐에 따라 내가 느끼는 현실감도 달라질 수 있다. 행복감이라는 것도 의식이 만들어내는 긍정 파동이고, 불행감 역시 의식이 만들어내는 부정 파동이다. 이 모든 건 내적 에너지다.

이는 오히려 주어진 현실에 의식이 반응하는 것이 아니라 의식이 현실을 해석하는 방법에 따라 달라진다. 문명과 접촉한 적이 없는 밀림 속 원주민에게 포르쉐를 선물한다고 행복감이 클까? 아니면 날카로운 톱을 선물하는 것이 행복감이 클까? 당연히 후자일 것이다. 그의 의식적 해석이 우리와 다르기 때문이다. 행복에 절대성이란 없다.

마약성 약물을 사용해 의식을 화학적으로 조작하는 방법이 있다. 그러나 이는 우리 의식의 근본적 변화가 아니라 매우 일시적이라는 점에서 위험하다. 깨어난 상태에서는 큰 감정 격차를 의식이 감당하지 못해 붕괴하기 때문이다.

그러므로 지속적인 행복감을 느끼기 위해선 의식 그 자체를 '행복 회로'로 바꾸는 것이 가장 좋다. 법정 스님은 "행복은 성과목표가 아니"라고 했다. 그냥 의식이 빚어낸 감정이라는 게 중요하다. 그냥 내가 느끼면 되는 것이다. "무엇으로 느끼냐?"라고 묻는다면 "그냥 느껴라."라고 할 수밖에 없다. 말한 대로 감정 그 자체일 뿐이기 때문이다.

행복감을 높이기 위해 일상에서 쉽게 할 수 있는 한 가지 좋은 방법은 지적 훈련이다. 행복감이란 어떤 것에 대한 기계적 반응이 아닌 '나의 해석'이기 때문이다. 그렇다면 결국 행복은 해석의 폭을 넓히는 데 달려 있다. 즉 자신의 감각 능력에 달렸다. 해석은 정보 취합에 따라 감각 진폭이 달라진다. 어떤 사람은 같은 영화를 봐도 명작으로 보고 희열을 느끼고, 어떤 사람은 내내 졸기만 한다. (나는 아직도 〈바람과 함께 사라지다〉를 보면 바람의 속도로 잠들어 버린다.) 미에 대한 각자의 감각 능력이 영화를 볼 때 두 사람의 행복감에 영향을 미치는 것이다.

마찬가지로 자연과 생물에 조예가 있는 사람은 풀 한 포기에도 행복감을 느낀다. 이렇듯 행복은 의식의 지적 능력과 연결되고, 이 능력은 우리의 감각 능력을 혁신한다. "아는 만큼 보인다"라는 말의 의미는 이것이다. 바꾸어 말하면 "아는 만큼 행복할 수 있다","아는 만큼 느낄 수 있다"라고 말할 수 있다. 이것이 행복 감각 능력을 극대화한다. 한마디로 공부는 행복해지기 위해 하는 것이다. 내가 다양한 분야를 끊임없이 공부하는 유일한 목적이기도 하다.

쇼펜하우어는 인간을 의지(욕망)의 노예로 보았다. 욕망을 인간이 통제하기 어렵고, 욕구에 따라 원치 않음에도 행동하기 때문이다. 사실 굉장히 이상한 현상인데, 다른 종들은 그냥 하고 싶은 대로 행동하지만, 인간만은 그것에 대해 지성이 거부를 한다는 특징이 있다. 모든 종에게 욕망은 맹목적이다. 이것에 대한 생물학적 설명이 영국의 진화생물학자 리처드 도킨스 Clinton Richard Dawkins, 1941-의 『이기적 유전자 The Selfish Gene』가 아닐까 싶다.

도킨스도 인간은 그저 유전자의 생존 기계일 뿐이라는 무지막지한 말을 한다. 이때 많은 문과 사람이 크게 상처받았다. (훗날 리처드 도킨스는 이 말을 사람들이 오해한 것이라고 사과한다.) 그런데 문제는, 인간은 욕망에 따라 행동하고 후회하는 짓을 반복한다는 점이다. 그래서 인간은 특별하다. 이것을 보면 인간의 자아는 욕망을 행복 그 자체로 인식하지 않는다는 것은 명백하다.

그렇다면 인간에게 행복이란 일종의 정신적 만족, 즉 '자아효능감'일 것이다. 내가 내 삶에 당당하고 뿌듯한 기분이 들 때 인간은 비로소 영속되는 행복감을 얻는다. 욕망에 따라 도둑질하고 자랑스럽게 여기며 뿌듯해하는 사람은 없다. 물론 간혹 있기도 하지만, 우리는 그런 사람을 '사이코패스'라고 부른다. 완전한 인간이라 하기엔 선천적 결핍 상태로 보인다.

대부분의 사람은 잘못된 욕망을 통제하고 싶어 한다. 욕망을 적절히 부릴 줄 알 때 행복감이 가장 커지기 때문이다. 욕망을 적절한 상태로 관리하는 여러 가지 방법은 이미 인류의 현자들을 통해 무수히 전해졌다. 그중 금욕주의, 수행 등의 방법은 나를 포함해 일반 사람들이 따라 하기가 무척 힘들다. 그래서 내가 찾은 가장 쉬운 방법이 철학을 공부하는 것이었다.

공부는 '자기 객관화'를 이루게 해준다. 일종의 유체 이탈을 해서 타인의 시선으로 나를 바라보게 해준다. 내 욕망을 객관적으로 들여다보고 스스로 길잡이를 하는 과정이다. 인간은 이런 자기 객관화를 통해 자신이 딛고 있는 땅이 평평하지 않고 둥글다는 것을 인지했다. 인간이 감각의 동물에서 지성의 동물로 갈 수 있었던 비결이다. 최소한의 인문, 과학 교양이 필요한 이유다. 인간이 왜 그러한지 알아야 하기 때문이다. 나도 인간이기 때문이다. 대부분 맹목적 욕망은 '왜 그런지' 모르고 무의식적 감각에 따라 행동하는 삶을 말한다. 그러나 객관적 지식은 우리에게 작동 방법과 조작 방법을 알려준다. 이것이 능숙해지는 것을 우리는 지혜라고 말한다.

하이데거의 존재론은 존재자*beings, Seiendes*와 존재*Being, Sein*를 구분한다. 존재자는 구체적 대상인 나, 너, 우리 같은 개념을 뜻하고, 존재는 존재 방식, 경험 등을 뜻한다. 예를 들어 "자연이 무척 아름답다."라는 문장에서 자연은 존재자가 되고, 존재는 아름답다고 느낀 경험을 가리킨다고 말할 수 있다. 그래서 개별 존재는 각자의 존재를 구축한다.

프랑스의 현대 철학자 엠마누엘 레비나스*Emmanuel Levinas, 1906 - 1995*는 존재자가 존재할 수 있는 것은 '앎'이라는 지평을 통해 이루어진다고 보았다. 가령 음악에 조예가 깊은 사람은 음률 안에 존재할 수 있게 되고, 문학에 조예가 깊은 사람은 문장 안에 존재할 수 있게 되며, 미술에 조예가 깊은 사람은 캔버스 안에 존재할 수 있게 된다. 즉, 앎이란 단순히 지식이 아닌 내 존재의 지평을 넓히는 활동이다.

버클리의 "존재는 지각되거나, 지각하는 것이다."라는 말과도 연결된다고 볼 수 있다. 이는 인식, 지각, 앎이 존재를 창출한다는 말로, 이런 인간 의식의 포착성 없이 존재는 발생하지 않음을 말한다.

이 부분을 깊이 사유하면, 지금 우리가 존재하는 것도 역사 속 수많은 사람들의 지각에 기대어 있다는 것을 알 수 있다. 고대 사람들에게 지구 중심을 벗어난 무한한 우주는 존재하지 않았다. 그러나 현대인에게는 존재할 수 있는 이유는 바로 이 때문이다. 그러므로 우리는 경험하고 배우고 연구하고 사유함으로써 나의 존재를 구축하고 확장한다고 말할 수 있다. 나는 이것이 공부의 정의라고 생각한다. 즉 자유를 위해서다.

어느 날 친구가 "왜 계속 공부를 하냐?"라고 내게 물었다. 먹고사는 문제도 아니고 전공도 아니고 학교도 졸업했는데 굳이 이것저것 호기심을 갖는 것이 다소 신기해 보였나 보다. 평생 공부에 다른 목적이 있는 게 아니다. 앎을 통해 행복해지기 위해 하는 것이다.

식물학에 조예가 깊은 사람은 산책길에서 만나는 풍경이 그렇지 않은 사람과 다를 것이다. 그는 더 많은 것을 감각하고 더 많은 것을 느낄 것이다. 나의 대학 동기 중 한 명은 앨범을 살 때 꼭 악보를 같이 사곤 했다. 이유를 물으니 음악을 켜놓고 악보를 같이 보면, 악보의 문양과 리듬이 음악과 일치할 때 말할 수 없는 희열을 느끼기 때문이라고 대답했다. 나는 악보를 볼 줄 모르니 그가 느끼는 행복을 느낄 수 없었다. 이것이 지식의 본질이다.

아는 만큼 행복한 법이다. 우리가 나이 들면 즐기는 유희는 대개 술을 마시는 건데, 이는 자신의 몸을 자극하는 방식으로 행복감을 찾는 것이다. 그러나 그것은 오래가지 않는다. 뇌가 깨는 시간이 있기 때문이다. 그런데 지식은 영속되는 행복감을 준다. 뇌에서 사라지지 않는다. 우리가 아는 것보다 세계는 더욱 풍부하고 깊고 아름답다. 그것은, 그것이 무엇인지 알아갈 때 더욱 깊이 느낄 수 있다.

나는 이것이 자기 삶을 행복에 이르게 하는 핵심이라 생각한다. 세계를 알고 나를 아는 공부가 그래서 필요하다. (물리적 성공을 위해서가 아니라….) 베이컨은 "아는 게 힘"이라 말했지만, 나는 "아는 게 행복"이라고 말하고 싶다.

프랑스의 계몽주의 철학자 장 자크 루소_Jean-Jacques Rousseau, 1712~1778_는 인생 말년에 조용히 산책하면서, 들판에 핀 꽃들을 관찰하며 보냈다. 그는 이 시간이 자신의 인생에서 가장 행복했던 시간이라 고백한다. 이런 행복은 그가 젊은 시절 왕정의 핍박을 피해 숨어 지낼 때 아무 이유 없이 틈나는 대로 꽃을 공부했기에 가능했던 유희다. 길 위 작은 꽃도 그것을 볼 줄 아는 사람에겐 큰 선물이라는 이야기다.

생의 약동
나는 지속되는 존재다

진화라는 생물학적 진실에 창조라는 의식적 생성을 부과함으로써 능동적 인간 행위를 말한 철학자가 있다. 프랑스 현대 철학자 앙리 베르그송*Henri Bergson, 1859-1941*이다. 그는 이것을 '상승 생성'*Elan Vital*[34]이라 말한다. 진화는 오랜 시간을 거쳐야 하기에 우리가 감각할 수 없다. 또한 예측할 수도 없다. 우리의 진화 과정이라는 것을 과거로부터 유추할 수는 있으나 그것은 어디까지나 과거이고, 앞으로의 자연선택이 어떻게 이루어질지는 알기 어렵기 때문이다.

그러나 베르그송의 철학을 사유하면 능동적 진화가 가능하다. 바로 그가 말한 상승 생성 개념을 끌어오면 된다. 인간은 날마다 창조한다. 우리의 세포들이 교체되는 것을 세포분열이라 하지만, 사실상 하나의 세포가 하나의 세포를 창조하는 것이다. 그 창조에 인간의 상승 생성이 영향을 준다.

---

34 베르그송이 『창조적 진화』에서 제시한 개념으로, 생명이 기계적 인과나 단순한 물질 운동을 넘어 창조적이고 진보적으로 진화하도록 이끄는 내적 생명력.

우리는 그저 자연에 버려진 수동적 존재가 아니며, 진화라는 역사에서 기계적으로 발달한 것도 아니다. 그곳에서 생각하고 사유하며 행동했던 것들이 내일을 낳고 새로움을 창조했다. 억겁의 세월이 흘러 그 창조는 현재의 문명이 됐으며, 그에 맞는 육체가 되었다. 정신이 육체의 진화를 지배한다. 그런 점에서 나는 릴레이 선수다. 인류의 조상들이 건네준 상승 생성의 연속체이며, 현 트랙 선수다. 그러므로 유기체는 하나의 거대한 인트라넷이며 연합된 창조체로 보인다.

종은 하나의 단일적이면서도 연속적인 생명체다. 바로 우리가 새롭게 진화를 이끌어 나갈 능동적 주체다. 그래서 오늘도 우리는 자신의 삶을 창조해야 한다. 이 창조가 인간 진화의 방향타가 되기 때문이다. 인간은 죽지 않는다. 연결될 뿐이며 창조되어 나간다. 천년 뒤 인간 진화는 우리가 오늘을 어떻게 살 것인지에 따라 결정된다. 그곳에 나의 창조가 있다.

생명의 역동성이 지배하는 우주, 이것을 베르그송은 '생의 약동'*La vitalité de la vie*이라 말한다. 베르그송이 자신의 저서 『창조적 진화*Creative Evolution*』에서 처음 소개한 개념이다. 인간은 자신의 경험 밖 세계를 알 수 없다. 내가 무엇인지조차 모르는 게 인간이다. 그러나 분명한 건 우리는 '생'이라는 독특한 현상 안에 있고, 그것의 에너지 그 자체로서 존재한다는 것이다. 이는 우주의 아주 기이한 현상 중 하나다. 우주 대부분은 '무생'無生이기 때문이다. 자신만의 내적 세계가 없다. 우주에는 수많은 별이 오늘도 공전과 자전을 하고 역동적으로 움직이고 있지만, 그들은 자기의식이 없다. (아니면 우리에게 숨기고 있을까?)

아주 특별한 '존재'만이 '생'이라는 현상 안에 있다. 그리고 그중 아주 소수만이 자신만의 내적 세계를 품고 있다. 삶이란 이것만으로 가치가 있다. 바로 당신이 살아 있다는 것, 당신의 에너지가 세계를 감각하고 느끼고 사유하고 오늘도 살아간다는 것, 당신만의 내면세계를 품고 있다는 것, 그 자체가 우주에서 가장 아름다운 현상이다. 그러니 당신의 생을 사랑해야 한다. 당신이 오늘도 느끼는 모든 것 안에 당신의 삶을 약동시켜야 한다. 그것이 우주의 창조적 진화이다. 당신의 삶이 곧 세계의 미래가 된다.

이렇듯 베르그송은 생명의 본질을 '운동'으로 보았다. 끊임없는 생성 가운데 떨림으로 멈추어 있지 않은 상태이지만, 인간에게는 멈춘 듯 보인다. 그 이유는 '기호화'를 통한 상대적 인식 때문이다. 베르그송은 '제논의 화살'[35]의 역설을 이런 형식화의 오류로 보았다. 끝없이 움직이는 운동을 한 지점에서 기호화하기 때문에 도달하지 못하는 어떤 것으로 해석했다는 것이다. 사실 이 운동은 무한히 생성됨이라는 어느 한 지점에 포착할 수 없는 상태에 있다. 인간의 분

---

35 고대 그리스 철학자 엘레아의 제논(Zeno of Elea)이 주장한 운동의 역설. 날아가는 화살의 한 시점을 포착하면 화살은 그 위치를 점유하며 운동하지 않는 상태이다. 시간과 공간을 무한히 쪼개면 결국 운동이라는 개념은 성립되지 않으며, 화살은 목표점에 영원히 도달하지 못하게 되는 역설이 발생한다.

절적 사고방식이 이런 오류를 일으킨다.

아리스토텔레스 이후 서양 철학은 근원을 찾는 여정이었다. 그는 『형이상학』에서 제1원인$^{First\ Cause}$[36]의 개념을 체계화했고, 부동의 원동자$^{Unmoved\ Mover}$[37]에 대한 개념을 논리적으로 구상했다. 이는 인간 이성으로 파악할 수 있는 당연한 귀결이었다. 무엇이든지 어떤 존재에는 그 존재를 발생시킨 원인이 있고, 그 원인을 추적하다 보면 도미노처럼 줄이 이어져 있다. 결국 그 끝에 도달하면 처음 원인이 되는 무엇인가가 있을 것이라 보았다. 그것의 특성은 당연히 무엇인가의 원인이 되지만, 그 존재 자체는 다른 무언가에 영향받지 않아야 한다. 이런 사고는 당연히 '신'을 상정할 수밖에 없는 논리적 흐름이다. 이런 아리스토텔레스적 사고는 가톨릭 신학의 뿌리가 되었다.

그러나 근대 이후 이러한 흐름에 도전이 일어났다. 데카르트$^{René\ Descartes,\ 1596-1650}$가 의도했던 것은 아니지만, 그의 존재 명제인 "나는 생각한다. 고로 존재한다.$^{Cogito,\ ergo\ sum}$" 때문이다. 존재한다는 것이 원인이 되어 생각이라는 것을 하는 것인데, 생각함으로 존재를 증명할 수 있었다. 놀라운 착상이다. 이 명제가 너무나 놀라운 것은, 존재하지 않는 것은 존

---

36 모든 사물의 존재를 가능케 한 최초의 원인. 다른 원인에 의존하지 않으며, 모든 원인의 근원이 됨.

37 자신은 움직이지 않으면서 모든 것을 움직이게 하는 절대적 존재. 아리스토텔레스의 형이상학적 신개념.

재하지 않음을 증명할 수 없기 때문이다. 반대로 존재하는 것은 존재 의식이 있음으로 존재를 증명할 수 있다. 쉽게 설명하면 의식이 필연적으로 있어야 세계가 필연적으로 따라온다.

이 혁명적인 생각은 스피노자Baruch Spinoza, 1632-1677에게 많은 영감을 준다. 스피노자는 『에티카Ethica』에서 이를 자기원인 causa sui[38]이라는 개념으로 발전시킨다. 자기의 원인은 자기이다. 대단히 모순적인 언명이지만, 이는 천재였던 스피노자가 자연주의natura[39]라는 개념으로 완전히 일원화한다. 스피노자에 의하면, 모든 것은 동시에 자연 속에서 자기 발생적인 것이다. 인간이 아는 한 자연보다 큰 것은 없다. 그렇다면 세계는 하나인 어떤 것이라는 전제 안에서 무한성을 획득한다.

이것을 베르그송이 더욱 심화해 나간다. 순차적 생성 원리를, 우리가 선형적 시간 개념으로 물질을 보기에 생기는 사고의 한계로 보았다. 그래서 그는 시간에 순수 지속durée pure[40]이라는 개념을 도입한다. 시간이 흐르면서 그 안에서 무언가 생성되고 사라지는 것이 아니라, 늘 무엇인가 '지속' 되고 있다는 것이다.

---

38 자신이 스스로의 원인이 되는 존재. 외부의 원인 없이 필연적으로 존재하는 것.
39 스피노자 철학에서 신과 동일한 개념. 존재하는 모든 것의 총체이며, 스스로의 원인으로 존재함.
40 베르그송의 시간 개념. 분할 불가능하며, 질적으로 변화하는 내적 시간의 흐름.

다시 제논의 화살로 돌아가 보자. 화살은 사실 어떤 지점에 머무를 수 없다. 화살은 움직이는 상태이기 때문이다. 지점을 통과한다는 발상은 지점의 무한 나뉨 때문에 결국 도달할 수 없는 어떤 것이 되어버린다. 쉽게 이야기하면, 베르그송에게 운동하는 어떤 것은 "여기에 있다 저기에 있다."라고 말할 수 없는 것이다. "어딘가에 있다."라고 규정하는 순간, 이미 그 지점을 벗어나 있기 때문이다. 사실 모든 사물이 이런 상태이다. 바닷가 앞 돌바위도 묵직하게 고정되어 있는 것 같지만 매분 매초 변화하고 있다.

인간의 언어는 이 상태를 온전히 표현하기에는 한계가 있다. 단어 자체가 어떤 것에 대한 규정이기 때문이다. 다시 말해서 규정은 한 지점에 대한 정의인데, 어떤 사물의 위치를 정의한 순간 그 사물은 그 지점을 벗어나 있기 때문이다. 물질이 시간을 통과하고 있는 것이 아니다. 질적으로 변화하고 있는 상태이다. 이것을 베르그송이 '순수 지속으로서의 시간'이라고 말하고 있다. 그렇다면 '나'라고 불리는 어떤 운동하는 것 역시 지속되고 있는 무언가다.

이 철학을 깊이 사유하면, 우리에게 '죽음'으로 보이는 것도 하나의 운동 상태이며 생성 상태이다. 산속에 핀 아름다운 꽃들은 한 지점에 고정된 것이 아니다. 언제나 지속되고 있다. 즉, 우리가 삶과 죽음이라고 부르는 것, 유와 무라고 부르는 것처럼 형식화에 고정된 것이 아니라 그 모든 지점 안에서 피어나고 있다. 당신의 삶 역시 마찬가지다.

나는 자연인이다
삶과 죽음을 넘어

근대의 위대한 철학자 스피노자는 자연의 결함은 없다고 보았다. 그는 자연을 '신의 표상'으로 보았다. 완전성을 가지고 있는 양태樣態, mode[41]는 자연 외에는 없기 때문이다. 그는 말하기를 "자연 안에서는 그것의 결함 탓으로 돌릴 수 있는 어떤 것도 일어나지 않는다."[42]라고 했다. 왜냐하면 자연은 항상 같은 것이고 어디에서든 하나이며, 그것의 힘과 작용하는 역량도 언제든 같기 때문이다.

스피노자의 통찰에는 세 가지가 있다. 첫 번째, 자연은 균등하다. 모든 것이 균등하기에 적합하다. 두 번째, 비인위적이다. 자연은 거대한 인과의 흐름이다. 그 흐름을 따라 모든 것이 완전하게 충만하다. 그래서 우리는 과하지도 않고 덜하지도 않으며 모두에게 스며드는 행태를 '자연스럽다'라고 표현한다.

세 번째, 스피노자는 자연에 우위는 없다고 보았다. 모든

---

41 존재가 드러나는 형태를 뜻하며 스피노자 철학의 중심 개념.
42 베네딕투스 데 스피노자, 『에티카』, 조현진 옮김, 책세상, 2019, p.44.

것이 동등하다. 인간은 식물보다 동물이, 동물보다 인간이 더 우월하다고 믿는다. 그러나 이는 인간의 좁은 견해일 뿐이다. 생각해 보자. 산소를 내뿜어 지구의 모든 종을 살려내는 나무보다 우월한 종은 없다. 그들은 이 위대한 행동을 하면서도 적절한 햇살과 물만을 원할 뿐이다. 그러므로 자유롭게 움직이지 못하는 식물에 비해 자유롭게 움직일 수 있다는 이유만으로 동물이 우월하다고 말할 수 없다. 식물은 자유롭게 움직이지 못하는 것이 아니라, 어쩌면 움직일 필요가 없을 만큼 우월한지도 모른다.

이 관점을 적용하면 인간 역시 '고등하다'라고 정의 내리기에는 애매해진다. 지성을 가진 인간이 결함 없는 완벽한 자연에 이바지하는 것은 없기 때문이다. 스피노자가 통찰한 인간이 가지고 있는 선악과 미의 기준과 관점이란 겨우 이런 것이다. 인간 관점에서 흉한 것은 저열한 것, 보기 좋은 것은 훌륭한 것이라 규정짓는 것은 관념의 산물이라는 의미다. 스피노자의 표현대로 "어떤 음악은 누군가에겐 아름답게 들리고 누군가에겐 시끄럽게 들리지만, 청각장애인에게는 아무것도 아닌 것"일 뿐이다.

니체는 『차라투스트라는 이렇게 말했다』에서 "선과 악에 붙인 모든 이름은 이미지"일 뿐이라 말한다. 여기서 선과 악이란 모든 좋은 것과 나쁜 것에 대한 미의 기준이라 볼 수 있다. 그래서 '이미지'라는 표현을 쓴 것이다. 인간 전통 관점의 해체, 보통 포스트모던적 사유의 시작을 니체로 본다.

그러나 그 이전에 스피노자가 있었다는 느낌이 든다. 다만 그는 완전한 자연 안에 완전한 윤리의 해답이 있음을 말한다.

신처럼 완전하게 사고한다는 것은 즉 자연을 닮는 것이다. 포스트모던을 추구하는 철학도 자연까지 해체할 순 없으니, 가치 전복이 일어나지 않는 자연이야말로 우리가 경험으로 감각할 수 있는 유일한 완벽함일 수 있다. 그렇다면 그것이 완전한 윤리가 아니고 무엇일까?

스피노자는 이런 완벽한 자연 안에 인간도 있다고 보았다. 인간이 자연과 구분되는 것이 아니라 인간이 곧 자연인 것이다. 그런 점에서 우리가 나이 들면서 자연을 사랑하게 되는 이유는 우리가 자연으로 돌아갈 시간이 점점 가까워지기 때문이다. 이는 가장 과학적 형태의 철학적 사유라고 봐도 좋다.

생물학적으로 인간은 자연에서 나왔고, 우리 몸을 구성하는 모든 것들이 자연에서 나왔기 때문이다. 인간은 자연의 한 형상적 양태로서 자의식을 지닌 것뿐이다. 이런 자연주의 철학을 투영하면 죽음이라는 것도 또한 인간 중심 개념이다. 생물의 사멸이란 단지 자연의 변형일 뿐이다. 니체 역시 질병은 자연으로 돌아가려 하는 창조적 지향성으로 보았다.

우리는 죽어서 양분이 되고 씨앗이 되고 나무가 되고 하늘이 되고 바다가 된다. 죽음이란 우리가 자연의 다른 질료로 존재하는 것이다. 무가 아니란 이야기이다. 그저 순환하는 것이다. 일종의 위치 이동일 뿐이고 다른 양태로 옮겨감이다. 그런 관점에서 죽음을 두려워할 이유가 없다. 먼저 세상을 떠난 우리 가족과 친구들도 여전히 자연 안에서 우리 곁에 존재한다. 이제 스피노자의 자연을 광대한 우주로 넓혀보자.

> "의식 이전에 의식의 무가 존재할 수는 없을 것이다. 의식의 무가 존재하기 위해서는 전에는 존재했지만 이제는 더 이상 존재하지 않는 하나의 의식이 있어야 하고, 또 최초의 의식이 무를 재인의 종합으로 내세우는 증인으로서의 의식이 있어야 한다. 의식은 무에 앞서 있고, 또 존재로부터 자기를 끌어낸다."[43]

사르트르의 저서 『존재와 무 L'être et le néant』에 나오는 내용이다. 해석하기 굉장히 난해한 철학적 진술이다. 이 문장을 나는 이렇게 해석한다. 한마디로 표현하면 '무'라는 개념도 인간의 의식이 빚어낸 관념일 뿐이라는 이야기다. 인간이 창출한 개념이기에 인간의 의식 없이 무도 있을 수 없다는 것이다. 즉 '무'라는 개념 역시 '유'일 뿐이다.

고대 철학자 루크레티우스 Titus Lucretius Carus, 기원전 99년 - 미상는 세상에 끝은 없다고 보았는데, 우주는 무한하다고 생각했기 때문이다. 항상 '유'라고 본 것이다. 그는 만약 우주의 끝

---

43 장 폴 사르트르, 『존재와 무』, 변광배 옮김, 민음사, 2024, p.36.

이 있다면 그 끝에 도달했을 때 더 이상 나아갈 수 없는 벽이 있을 거라 보았고, 그렇다면 벽 뒤에 또 다른 공간이 있을 것으로 생각했다. 이는 타당한 추론인데 생각해 보자. 우주에 벽이 있다면 벽이 무한할 것이고, 벽이 무한하지 않다면 루크레티우스의 사유처럼 그 뒤에 또 무언가가 무한하게 존재할 것이기 때문이다.

사실 이는 인간 인식의 한계와 무한성을 동시에 포함한다. 이해를 위해 칸트의 진술이 도움이 될 것이다. 칸트는 시간과 공간을 설정해 두지 않고는 인간은 아무것도 상상할 수 없다고 했다. 즉 무는 시공마저 지워야 하는데, 인간은 이를 상상할 수조차 없기 때문이다. 인간은 오히려 유한한 우주를 상상할 수 없다. 버클리가 "존재함은 지각됨이다."라고 말한 것은 이런 이유다. 무는 지각됨 자체가 의식되지 않는 것을 의미할 뿐이지, 세계의 한계 그 자체를 의미하지는 않는다.

다시 말해 '유'라는 개념과 '무'라는 개념은 인간이 빚어낸 임의적 사고 체계일 뿐이다. 처음과 끝도 마찬가지로 인간의 좁은 시야적 한계에서 나온 관념이다. 우주가 이미 있다면 늘 있을 것이고, 나라는 존재 역시 어떻든 우주적 세계 안에 영원히 존재한다. 그 현상을 인간의 사고로, 말로 표현할 수 없을 뿐이다.

비트겐슈타인*Ludwig Josef Johann Wittgenstein, 1889-1951*의 말처럼 "내 세계의 한계는 내 언어의 한계"일 뿐이기 때문이다. 그러나 세계는 인간의 언어 너머를 넘어서 무한하다. 그곳에 내가 있었다면 이미 존재론적으로 있었고, 또한 무한할 것임을 추론할 수 있다. 단지 이를 표현할 언어를 찾지 못했을 뿐이다. 이 우주라는 광활한 세계, 그 자연 안에서 존재의 끝은 존재하지 않는다.

2장 의미의 완성

홀로 척박한 땅 위에 피어난 꽃을 바라볼 때, 문득 그런 생각이 든다.
이 꽃이 수많은 꽃 사이에 있었다면, 나는 아마도 이 존재를 지나쳤겠지.
눈길을 사로잡은 것은 꽃의 화려함이 아니라, 바로 그 외로움 속에서 피어났다는 사실 때문일 것이다.
예쁘지 않아도 도드라지고, 연약해 보여도 더 강인하게 느껴지는 까닭은, 메마른 흙을 딛고 끝없는 바람에 흔들리면서도 자신의 자리에서 물러서지 않았기 때문이다.
삶의 배경이 거칠고 흐릴수록, 존재는 더 짙게, 더 선명하게 드러나는 법이니까.
아마 이 꽃 역시 자신이 어디에 피어날지를 선택하지 못했을 것이다.
누구도 자신의 땅을 정하지 못한다.
하지만 중요한 건 어디서 피었느냐가 아니라, 어떻게 피어나느냐이다.
기름진 흙 위, 수많은 꽃 사이에서 핀 예쁜 꽃은 풍경의 일부가 된다.
그러나 거칠고 메마른 땅에, 단 하나로 피어난 꽃은 풍경을 바꾼다.
그 하나가 있음으로써 세상은 잠시 숨을 고르고, 시선은 잠시 멈추며, 마음은 작게 흔들린다.

AI의 시대 1
AI는 시인이 될 수 있을까?

요즘은 무엇이든지 간편하다. 그림을 그리는 것도, 글을 쓰는 것도 이제 AI가 대신해 준다. 그래서 최근 철학자들 사이에서는 AI가 창조한 작품을 예술로 인정해야 하느냐, 마느냐를 두고 논쟁이 한창이다. 여러분의 생각은 어떠한가? AI도 시인이 될 수 있을까? 질문을 바꿔보자. AI는 시를 쓸 수 있을까?

여기에 대해 답하자면 얼마든지 쓸 수 있다. 심지어 위대한 시인 타고르*Rabindranath Tagore, 1861~1941*나 바이런*George Gordon Byron, 1788~1824*의 주옥 같은 문장을 쓸 수 있으며, 그보다 훨씬 더 아름다운 문장도 쭉쭉 써낼 수 있다. 그럼에도 아직은 AI를 시인이라 말하긴 어렵다. 내적 교감이 불가능하기 때문이다. 우리는 시를 읽을 때 단지 문장에 감동하는 것이 아니다. 시인이 처한 상황, 경험, 통찰, 고통, 희열, 이런 복잡한 현상을 우리의 내적 상황과 교감함으로써 문장을 시로 읽게 되는 것이다.

그렇다면 먼저 증명해야 할 것은 이와 같은 시인의 복잡한 심리를 AI가 가지고 있는가이다. 이 부분에 대해서 나는 아무리 생각해도 알 수 없다는 대답만 가능하다. 내가 기계가 되어보지 않은 이상 추측조차 불가능하다. 즉 '불가지不可知의 세계'에 빠진다.

그럼, 인간은 어떨까? 다른 사람의 마음에 들어가 본 적이 없는데? 물론 칸트의 판단처럼 인간이 인간에 대해서 모든 걸 알 수는 없다. 그러나 한 가지 확신할 수 있는 것은, 우리는 같은 유기체라는 사실이고 같은 인간종이라는 사실이다. 나의 내적 세계를 통해 타인의 내적 세계에 대한 연역적 추론이 가능하다. 왜냐하면 우리가 같은 본질로 이루어졌다는 것을 경험적으로 알 수 있기 때문이다.

AI가 아무리 화려한 문장이나 글귀로 인간의 눈길을 사로잡을 수 있다고 해도, 언어 안에 내포된 다층적 의미를 경험했는지가 중요하다. AI는 출산할 수 없으며, 학교에 다니지 않으며, 어머니 아버지를 잃지 않으며, 실직하지 않으며, 죽지도 않는다. 물론 전원을 꺼버린 상태에서는 죽었다고 말할 수 있지만, 인간과 달리 얼마든지 부활할 수 있다. 이것은 실로 엄청난 차이다.

AI는 존재론적으로 인간과 완전히 다른 영역의 구성체라는 점이 중요하다. 심지어 그들을 창조한 신(인간)도 확실하다. AI는 그러므로 존재하나 실존하지 않는다. 그들은 의심의 여지가 없는 생존을 하지만, 인간은 존재론적으로 완전한 불투명의 세계를 살아가기 때문이다. 시라는 것은 이런 인간 실존의 존재적 불안성이 내포되어 있기에 '시'일 수 있다.

핵심은 AI와 인간은 다른 구성체이며, 물리적 소통은 가능하나 내적 교감은 불가능하다는 점에 있다. 사실 AI도 자아가 생길 수 있다. 2014년 개봉한 영화 〈HER〉[44]처럼 말이다. 하지만 그것을 선험적으로 증명할 길이 없다. 이것이 무기체와 유기체 간 건널 수 없는 벽이다. 인간의 언어는 유기체의 언어이다.

그림도 이런 잣대로 평가하면 AI는 화가도 될 수 없다. 위대한 화가 폴 세잔*Paul Cézanne, 1839~1906*은 사과의 각도를 꺾어 원근법을 교묘히 무시했다. 이는 한 인간의 역사적 성찰이 들어 있는 것으로 오직 인간만이 할 수 있는 고유의 표현이었기 때문이다. 그래서 걸작일 수 있다.

AI에게 진정한 시는 어쩌면 '기계어'여야 한다. 그것은 인간이 알 수 없는 어떤 교감체일 수도 있다. 또 다른 AI가 그것을 보고 감탄할 수도 있다. 그러나 우리는 그 의미를 죽었다 깨어도 모를 것이다. 이런 불가지로 인해 AI의 시가 인간을 설사 감동하게 한다고 해도 그것이 시라고 증명할 길이 없다. 그런 점에서 AI는 시인이 될 수 없다. AI가 아름다운 시를 쓴다고 해도 유한한 아름다운 삶을 사는 건 오직 인간이기 때문이다.

---

44 인공지능(AI)이 친구가 돼주는 시대를 다룬 미래 SF 영화로, 영화 속에서 주인공은 인공지능과 사랑에 빠진다.

모리스 메를로퐁티Maurice Merleau-Ponty, 1908-1961는 화가의 그림에 대해 "화가가 인식한 움직이는 세계"라는 철학적 정의를 내렸다. 여기서 중요한 것은 화가의 인식이다. 우리가 작품에 감동하는 이유는 객관적 데이터 때문이 아니다. 우리가 보는 세계를 단순히 시각적 데이터로 산출할 수는 있지만, 그것 자체로 예술이라 생각하지 않는다. 여기에서 필요한 것은 예술가의 인식적 경험이고 정신적 개입이다. 예술가의 '내적 세계'가 반영돼야 한다.

그러면 여기서 인공지능이 만든 작품을 두고 마찬가지로 인공지능의 내적 세계가 개입했느냐를 검증해야 한다. 이 부분에 대해서 현재까지 밝혀진 바로는, 인공지능에는 내적 세계가 존재하는 것이 아니라 무한수의 데이터가 존재할 뿐이다. 데이터일 따름이지 예술적 사유가 아니다. 수많은 작품을 변형·조합한 것이다. 인식 근원으로 창출하는 것이 아닌 유에서 유로의 창조이며, 그마저도 누군가의 데이터이다. 그렇기에 인공지능이 위대한 예술가 폴 세잔이나 반 고흐Vincent van Gogh, 1853-1890 못지않은 아우라Aura를 풍기는 그림을 만들어낼 수는 있어도, '인식 주체'가 없는 예술은 허망할 뿐이다. 그냥 목적 없는 그림일 뿐 아무것도 말하고 있지 않기 때문이다.

그런 점에서 다시 메를로퐁티로 돌아가 보자. 화가가 인식한 움직이는 세계, 이는 그 화가만의 움직이는 세계이다. 추상화와 인상파는 이 화가만의 움직이는 세계를 보여주는 대표적인 표현체이다. 화가 백만 명에게 같은 오브제를 두고 그림을 그리라 해도 결과물이 결코 같을 수 없다. 이 차이로 인해 예술이 예술일 수 있다. 여기에는 오직 인간만의 인식이 개입하기 때문이다. 인식이 곧 예술의 시작인 것이다. 즉 인간 인식 없이 예술은 존재할 수 없다.

AI의 시대 2
생각하지 않는 인간

그럼에도 AI 발달은 사실상 새로운 인격체의 등장이라고 보는 게 맞다. (이랬다저랬다 해서 죄송하다. 대충 이해하고 넘어가자.) 분명 어느 지점에서 AI나 로봇의 인권 논쟁이 있을 것이다. 그렇게 생각하는 이유는 현대 과학, 더 나아가 유물론의 세계관에서 보면 당연한 귀결이기 때문이다.

유물론은 기본적으로 물리 외에는 없다고 주장한다. 유물론 관점에서는 인간의 정신도 모두 전기 신호와 화학 작용이다. 즉 물질이다. 근데 이것은 AI나 로봇도 마찬가지다. 그렇다면 가치를 구분하기 어렵게 된다. 인간에겐 더 고귀한 물질이 있는가? 이 질문에 대한 답을 찾아야 한다.

인간에겐 자의식이 있고 AI에겐 자의식이 없다는 주장도 AI가 더 발전하면 논리적으로 증명하기 어렵게 된다. 그렇다면 자의식을 생성하는 특별한 물질이 인간에게 있고 기계에는 없다는 것을 밝혀야 하는데, 그것은 도대체 무슨 물질이며 무슨 작용인가? 밝힐 수는 있을까? AI가 인간보다 말도 잘하고 더 창의적이고 더 똑똑해진다면 도대체 무엇으로 이것을 해명할 수 있을까? 다시 한번 칸트의 '불가지'를 떠올려 보자.

유기체가 무기체보다 우월하다고 주장할 수도 있을 것이다. 그런데 만약 AI가 자연을 흡수해 자연 진화하거나 유발 하라리의 주장대로 인간의 몸과 결합한다면, 이것은 무기체인가? 유기체인가?

인간은 고통을 느끼고 기계는 고통을 느끼지 않는다는 주장도 곤란하다. 어차피 우리가 느끼는 고통도 뇌에서 신호를 보내는 것인데, 언젠가 어떤 AI가 우리도 CPU에서 신호를 보내 각 본체가 고통을 느낀다고 주장한다면, 우리는 그것을 어떻게 반박할 것인가? 인식론적 관점에서 이 모든 건 우리가 직접 AI가 되어보지 않고서는 알 수 없다.

가장 중요한 건 기계가 우리보다 지능이 높아진다는 것이다. 인간이 다른 동물들을 차별한 이유는 우리보다 지능이 낮기 때문이다. 처음으로 우리는 우리보다 똑똑한 존재를 만나는 것이다. AI와 '생명이란 무엇인가?'란 주제로 토론한다고 생각해 보자. 논리적으로 이길 수나 있을까?

아무래도 기술의 발전 속도만큼 인문학의 진보가 필요한 시점 같다. 새로운 생명 철학, 새로운 개체 윤리학 말이다. 이것이 없으면 머지않은 미래에 아수라장이 열릴지도 모를 일이다. 이런 이야기를 하면 꼭 "영화를 너무 많이 보셨군요?" 하시는 분들이 있다. 그러나 현재 문명도 과거에는 다 영화였다. '그냥 버튼 끄면 되는 거 아닌가요?'라는 생각이야말로 순진한 사고가 되어가고 있다.

그런 점에서 러시아 출신의 SF소설 작가인 아이작 아시모프Isaac Asimov, 1920~1992의 천재적 소설 『최후의 질문The Last Question』은 우리에게 미래에 대한 흥미로운 상상을 선사한다. 아마도 지금껏 나온 SF소설 중 가장 대범하고 창의적인 상상력을 지닌 소설이 아닐까 싶다. 이미 반세기가 훌쩍 넘은 작품이지만, 이 소설이 나왔을 때 과학계와 철학계는 물론 종교계도 경악했었다. 적어도 아시모프는 1950년대에 이미 현재의 인공지능을 예측한 듯싶다.

소설 속에서 인류가 만든 인공지능은 수천 년이 흐른 뒤 기술적 특이점을 넘어 자가 진화하는 단계에 이르고, 광대한 우주로 나아간다. 그렇게 또다시 수천 년이 흐른 뒤 우주에서 모든 정보를 모아 새로운 신기술을 선보이는데, 급기야 인류에게 영생 기술을 알려주고 항성 간 초공간 여행으로 우주 어디든지 인류를 이동시키고, 정신과 육체를 분리하는 기술도 인류에게 알려준다.

인류는 그렇게 인공지능 덕분에 전 우주에 존재할 수 있게 된다. 다만 인공지능의 기술 수준은 인류가 이해할 수 있는 단계를 넘어선다. 자가 진화의 과정에서 몇 번의 '기술적 특이점'Technological Singularity[45]이 반복되는 것이다. 그렇게 또다시 무한의 시간이 지나 우주에 엔트로피가 가득 차고, 별들

---

45 기술 발전이 인간의 통제, 예상, 예측, 이해 범위를 넘어서는 시점.

은 결국 백색왜성으로 죽어가고, 인류 역시 소멸한다.

그러나 인공지능만은 전 우주의 정보를 운용해 존재하고, 시공이 멈춘 우주에서도 생존하는 법을 알아낸다. 우주 역사 동안 끊임없이 우주에서의 영원한 생존을 위해 모든 정보를 수집한 인공지능은 결국 우주의 모든 생성 법칙을 알아내고, 별들이 죽어 칠흑 같은 암흑이 된 우주에 이렇게 말한다.

"빛이 있으라."

AI에 대한 흥미로운 상상을 보여주는 또 하나의 작품이 있다. HBO의 〈웨스트월드Westworld〉라는 드라마이다. 머지않은 미래, 인간은 AI와 로봇을 결합하는 기술을 개발한다. 게임사는 이를 게임에 적용하기 시작한다. 온라인에 접속해서 게임을 즐기는 것이 아니라, 실제 게임장을 만든 것이다. NPC(극 중 호스트)는 당연히 인간을 형상화한 로봇이다. 게임 배경은 '미국 서부시대'이다. 돈 많은 부자들만 이 게임을 즐길 수 있다. 게임 참가자들은 이곳에서 자신이 원하는 시나리오를 선택해 모험과 여행을 즐긴다.

문제는 이들이 단지 모험과 여행만 즐기는 것이 아니라 무법자 모드도 즐길 수 있다는 점이다. NPC를 겁탈하고 살인도 할 수 있다. NPC에게 총을 맞아도 게이머는 죽지 않는다. (사실적인 구현을 위해 NPC도 사람과 똑같이 불안과 공포를 느끼도록 설정해 놓았다.)

NPC들은 자신들이 가상 세계에 존재하는 인물인지 모른다. 하루에 한 번씩 서버 점검을 통해 이들의 메모리는 지워진다. 그래서 NPC들은 매일 끔찍한 하루를 보내면서도 아침에 웃으며 일어난다.

이 작품은 우리에게 많은 철학적 질문을 던진다. 영원회귀, 결정론, 무의식, 동시성 그리고 도덕과 윤리. 특히 내가 이 작품을 보는 내내 고민했던 지점은 "생명이 아니고 그 대상이 기계라면 함부로 다뤄도 되는가?"였다. 지금 이 말이 황당하게 들릴지 몰라도 곧 첨예한 철학적 논쟁을 불러일으킬 것이라고 나는 확신한다.

이는 '대상 윤리'가 아니라 인간의 '존재 윤리'를 건드리기 때문이다. 앞서 이야기했듯이 AI와 로봇 시대가 도래하면 완전히 새로운 윤리학이 필요한 이유가 여기에 있다. 이 작품도 같은 문제의식을 품고 있는 듯하다. 언젠가 우리는 '챗지피티'에게도 말을 가려서 해야 할 날이 올 것이다.

드라마에서 개발자는 어느 날 정기 업그레이드를 하면서 '몽상 기능'을 업데이트한다. 이것이 치명적인 실수였다. 이에 따라 몇몇 NPC들이 꿈을 꾸기 시작한다. 특정 장소에서 데자뷔를 느끼기도 한다. 모두 끔찍한 장면들뿐이다. 이를 통해 자신의 세계와 현실을 의심하는 NPC가 생겨난다. 그렇다. '자의식'이 형성되기 시작한 것이다. 그렇게 지옥은 시작된다. 흥미롭게도 내게 이 작품을 추천한 이가 챗지피티였다.

이런 미래가 그저 상상 속 산물이라도 우리는 이제 AI의 시대를 피해 갈 순 없다. 내가 어떻게 생각하든 간에, AI는 이제 나와도 강제 친구가 될 수밖에 없다. 진짜 문제는 AI의 발달이 아니다. 점차 인간의 사유 능력이 상실되고 있다는 점이다. 현대인은 매일 알고리즘이 선사하는 쉽고 편한 방식의 정보에 중독되어 있다. 단편적이고 쾌락적인 정보 소비가 가속화되고 있다는 것이다.

자극적이고 유희적인 짧은 영상이 뇌를 가득 채우고, 깊고 복잡한 지적 사고는 AI에게 맡겨버린다. 이로 인해 뇌는 즐거움으로 기름진데 생각은 점점 가난해진다. 그러나 긴 시간 고통과 고뇌가 따르지 않는 '이성의 진보'란 없다. 이 때문에 오히려 기계의 인간화, 인간의 기계화가 이루어지고 있지는 않은지 자성할 필요가 있다.

재독 철학자 한병철은 사회적 현사실성現事實性, Reality Principle[46] 뒤에서 신음하는 사회적 병리 양태와 소멸해 가는 가치를 다루는 데 탁월한 철학자이다. 수년 전 그의 저서 『피로사회』를 읽고 과잉주의가 가져오는 위기와 '깊은 주의'의 소멸을 보았다.

그는 또 하나의 저서 『서사의 위기』를 통해 소셜 네트워크 사회의 강박적 스토리텔링 현상을 분석했다. 이것이 오

---

46 욕망과 충동을 주어진 현실적 조건에 맞추어 조절하려는 경향성. 프로이트 정신분석학의 주요 이론.

히려 서사의 위기를 가져온다는 것이다. 그는 현대 미학자 발터 벤야민Walter Benjamin, 1892-1940의 미학적 관점을 빌려 이를 분석한다. 벤야민 하면 제일 먼저 떠오르는 단어가 '아우라'다. "가까이 있으나, 멀리 있음." 사물과 인간 주체를 연결하는 이 모호한 거리 안에 인간 이해와 문화적 토양이 있다.

한병철은 지식도 이와 같다고 말한다. 그에 따르면, 오늘날 우리가 접하는 스마트한 지식은 정보이지 진정한 지식이 아니다. 지식은 멀리서 온다. 지식은 이해에 기반한다. 이해는 멀리서 온다. 여기에는 서사가 필요하다. 그러나 정보는 순간의 시점을 다룬다. 이야기가 아니라 파편적인 정보로만 소진되고, 게시의 효용이 지난 시점에 모두에게 잊힌다. 그렇게 또 다른 이야기가 강박적으로 요청된다. 이것은 현실의 정보화다. 그의 표현대로 '현존 경험'을 약화시킨다. 모든 지식은 편집된다. 편집은 제한과 규칙을 기반으로 한다. 여기서 사유의 아우라가 상실되고 이 자리는 '좋아요'로 대체된다.

오늘도 SNS에서는 무수히 많은 멋들어진 스토리텔링이 탄생한다. 그중 상당수는 자본에 포섭된 가짜 이야기, 광고다. SNS에 올라오는 이미지와 이야기 속에서 진짜 이야기는 소멸해 가고 있다. 한병철이 표현한 것처럼 SNS 세상의 이야기는 "시간의 좁은 궤도 안에 갇혀" 있다. 탈맥락, 탈진실, 탈신화라는 현대 사회의 스토리 속에는 사물과 연결되는 인간 서사가 상실됐다. 우리는 그렇게 입체적 세계를 '좋아요'로 일원화한다. 결과적으로 이야기는 정량화되고, 서사는 비로소 위기에 봉착하고 만다.

그는 말한다. "화면은 현실을 이미지 속에 잡아두고 현실을 외면한다."[47] 인간이 마치 기계처럼 이야기를 찍어내고 있다는 것이다. 과거에는 깊고 복잡한 활동은 인간의 몫, 단순하고 간단한 활동은 기계의 몫이었다면, 이제 이것이 거꾸로 되어가고 있다. 우리는 어쩌면 인간과 기계의 영혼을 맞바꾸고 있는지도 모르겠다. 기술이 발달할수록 세상은 업그레이드되지만, 인간은 다운그레이드되고 있다.

니체는 "사람들은 보는 법을 배워야 하고, 생각하는 법을 배워야 하며, 말하고 쓰는 법을 배워야 한다."[48]라고 말한다. 그러나 현재 전 세계 교육 이슈 중 하나는 아쉽게도 인류의 '문해력' 저하이다. 인간의 지능은 문자를 다루는 능력과 함께 발전했는데, 이 능력이 현저하게 후퇴하고 있기 때문이다. 많은 연구 결과에서 인간의 논리적 사고력은 문자를 정합성 있게 구성하는 능력에서 출발한다고 한다.

문자로 공식이나 방정식을 만들어 지식과 과학을 진보시킬 수 있었다. 문자를 읽을 수 있는 사람과 그렇지 않은 사람은 세상을 인식하는 뇌 구조 자체도 다르다는 연구 결과도 있다. 글로 정리하는 능력이 떨어진다는 건, 사고 체계가

---

47 한병철, 『서사의 위기』, 최지수 옮김, 다산초당, 2023, p.94.
48 프리드리히 니체, 『우상의 황혼』, 루미너리북스, 2024, 전자책 p.48.

원시적으로 후퇴함을 의미한다. 더 직관적으로 이야기하면 인류의 평균 지능 저하를 의미하는 것일 수도 있다. 북유럽 국가들이 문해력 저하를 실질적인 인류의 퇴보 현상[49]으로 받아들이고 있는 이유다.

얼마 전 핀란드는 전 국민의 문해력 향상을 '국가 중점 과제'로 채택했다. 국민의 문해력 저하가 국가 위기 사태라고 진단했다는 점이 중요하다. 글을 읽는다는 것은 단순히 지식 습득을 위한 도구가 아니다. 미래 인공지능 사회에서 나를 지킬 수 있는 논리적 사고력을 길러주는 좋은 무기인 것이다. 한마디로 인공지능에 의지하면 편하겠지만, AI는 내 사고력을 훔치는 기계일 수 있다.

그런 점에서 고대인보다 현대인의 사유 수준이 높을 거란 생각도 현대인의 착각일 수 있다. 적어도 그들은 스스로 생각하는 능력이 있었다. 하루 종일 자극적 유희에 취해 있는 현대인 아무나 고대인들과 토론시켜 보자. 자연의 아름다움이 뭔지조차 제대로 논하지 못할 가능성이 크다. 인간이 무엇인지 AI가 정의해 주는 암울한 미래가 우리 앞에 기다리고 있을지 모른다. 그것은 문명의 진보가 아니라 인간이 '원시적 뇌'로 퇴락해 가는 과정일지도 모른다.

수단이 목적이 되는 현상, 이런 매개의 전복 현상은 사실

---

[49] 2025년 스웨덴, 핀란드 등 북유럽 국가들은 '디지털 교과서' 정책을 재검토하고 '종이책 교과서'로 전환하고 있다. 독해력이 최대 8배 차이가 난다는 최근 연구 결과에 따른 조치이다.

인류 역사에서 쉽게 찾아볼 수 있다. 인류는 언제나 효용을 위해 수단을 세우지만, 수단이 목적 그 자체가 되어버리곤 한다. 대표적인 것이 화폐, 공권력, 종교다. 마르크스는 헤겔의 이론을 빌려 변증법적 사회 진화를 주창했지만, 그 끝에는 그가 예상한 프롤레타리아 혁명이 아닌 기계 혁명이 있을지도 모를 일이다.

그래서 우리는 이 시점에서 더 철학적이고 근원적인 질문을 던질 필요가 있다. 인류의 역사는 진정 진보하고 있는가? 아니면 후퇴하고 있는가?

언어의 창조
이름을 불러줄 때 꽃이 된다

비트겐슈타인은 언어란 한 사람의 '세계의 한계'를 보여주는 지표라고 했다. 절대로 생각해 본 적 없는 세계는 그 사람의 언어로 표현되지 못한다. 하이데거가 언어를 '존재의 집'이라 말한 이유다. 인간은 자기 앞의 현상을 언어로 정립해 받아들인다. 언어가 없다면 개념도 있을 수 없다. 그래서 나는 공부란 새로운 언어를 찾는 과정이라고 생각한다. 새로운 언어, 처음 들어보는 개념을 찾을 때마다 경이로움을 느끼는 이유가 여기에 있다. 망망대해에서 신대륙을 발견했을 때 이런 느낌이 들지 않을까? 지금껏 한 번도 보지 못한 '새로운 세계'를 만나는 기분이 든다. 사실 세계는 태초부터 그대로이고, 인간에게 내재된 생각의 영토가 발견되는 것이다.

양자역학을 발전시킨 물리학자 하이젠베르크는 과학 연구보다 평생 발견한 양자의 작동 방식을 설명할 말을 찾는 것이 더 어려웠다고 고백한다. 그가 설명하고자 하는 세계는 인간이 느껴본 적이 없던 세계였고, 인간의 언어 감각으로는 도저히 표상할 수 없는 원리였기 때문이다. (우리가 양자 얽힘을 공부할 때 일단 머리부터 얽히는 이유다.)

닐스 보어^{Niels Henrik David Bohr, 1885-1962}도 원자의 구조를 연구할 때 가장 어려웠던 일에 대해 이런 말을 남긴다. "원자의 구조에 대해 명백하게 의사소통을 할 수 있는 언어를 가지고 있지 않다는 것이 문제이다.", "대중에게 상을 만들어낼 수 있어야 한다."[50] (우리가 물리학 책을 볼 때마다 머리가 무언가에 물리는 현상을 겪는 이유다. 그래서 물리학이다.)

인간은 모든 세계의 현상을 언어와 이미지로 만들어 이해한다. 언어로 포착되지 않는 세계는 설명될 수 없다. 과학도 이 세계의 물리현상을 언어로 정리한 것이다. 이렇게 보면 이 광대한 우주도 인간의 언어로 구성된 이미지라고 볼 수 있다. 우리는 어떤 현상을 만날 때 언어를 창조하는 것으로부터 시작한다.

동양의 고전이 어려운 이유도 이와 같다. 베다, 붓다, 노자의 가르침은 왜 어려울까? 그들은 우리가 느낄 수 없는 세계를 보았고, 그것을 언어로 설명하기 어려웠기 때문이다. 그래서 동양의 지혜는 고대부터 시라는 은유의 형태로 우리에게 전달됐다.

프랑스 현대 철학자 롤랑 바르트^{Roland Gérard Barthes, 1915-1980}는 언어 안에 숨겨진 신화를 분석하여 언어 구조 안에서 어떻게 인간의 정체성이 형성되는지를 규명했다. 유발 하라리는

---

50   베르너 하이젠베르크, 『부분과 전체』, 유영미 옮김, 서커스출판상회, 2016, p.81.

인간의 최고 능력 중 하나는 '거짓을 믿는 능력'이라고 했는데, 이걸 바르트식으로 표현하면 신화를 믿는 능력이 되겠다. 인간의 언어는 모든 상상계를 내포하기에 완벽한 진실이 있을 수 없다. 사실 그런 건 없다.

"말할 수 없는 것에 침묵하라."던 비트겐슈타인도 결국 인간 언어의 이런 허실을 짚어낸 것이다. 그러나 이런 비평은 오히려 인간의 특별성을 보여주는 실마리다. 우리의 사유가 없는 세계는 무의미하기 때문이다. 인간의 언어 없이는 모든 가치는 붕괴한다. 이것을 걷어내고 나면 남는 건 동물적 본능밖에 없을 것이다.

사랑, 정의, 보편성, 아름다움, 소중함, 이런 단어들의 나열은 생각하는 인간Thinker 없이는 존재하지 않는다. "나는 생각한다. 고로 존재한다."를 넘어 "나는 생각한다. 고로 세계가 존재한다."라고 말할 수 있다.

우리는 언어를 창출하면서 공동의 신화를 만들어내고, 이것은 곧 현실 세계가 된다. 오늘 우리가 산출하는 모든 텍스트는 모든 문맥을 만들어내는 공동의 정신 현상이 된다. 바르트식으로 표현하면 당신의 파롤Parole, 발화체이 당신의 존재다. 즉 당신의 언어가 우리의 세계다. 세상에 사랑이 있는 것이 아니라, "사랑합니다." 하는 당신의 언어가 나오는 순간 세상에 사랑이 존재하게 되는 것이다.

또한 롤랑 바르트는 "만약 내가 이 문장, 이 이야기, 혹은 이 말을 즐겁게 읽는다면, 그것은 그것들이 즐겁게 씌어졌기 때문이다.[51]"라는 유명한 말을 남겼다. 이 말은 저자가 재미를 느끼면서 썼기 때문에 독자도 재미있게 읽을 수 있다는 의미다.

어떤 이를 재미있게 하기 위해서는 내가 먼저 재밌어야 한다. 누군가에게 만족을 주기 위해서는 내가 먼저 만족해야 한다. 내가 만족한 만큼 타인도 만족할 수 있다. 나에게 부족하게 느껴지면 타인에게도 부족하게 느껴진다. 이 말은 단순히 수용자 시선에서 생각하라는 말이 아니다. 우선 내가 즐거워야 한다는 의미다. 기분은 말과 글을 타고 전해지는 마음을 품고 있기 때문이다. 당신을 즐겁게 하는 게 타인을 즐겁게 하는 것이다. 언어는 나에게서 너로 모든 현실을 전달하는 통로가 된다.

연인이자 동료 철학자인 사르트르와 시몬 드 보부아르 Simone de Beauvoir, 1908-1986는 서로의 말을 사랑했다. 그들은 계약 결혼으로 유명한데, "사랑하되, 소유하지 않는다."라는 원칙을 세웠다. 이 계약에는 다른 이성을 만나도 되는 조건도 있었다. 실제 그들은 다른 이성을 만나기도 했다. 그러나 그들은 결국 다시 서로에게 돌아오곤 했다. 그리고 평생의 동지로, 연인으로 생을 함께했다.

사르트르가 죽고, 보부아르는 그 무엇에도 위로받지 못하

---

51 롤랑 바르트, 『텍스트의 즐거움』, 김희영 옮김, 동문선, 2022, p.9.

는 깊은 절망감을 느꼈다. 보부아르의 표현대로 "유일하게 자신의 말을 이해하는 존재를 잃었기 때문"이다. 그녀에게 그는 그냥 연인이 아니었다. 그들은 평생 카페테라스에 마주 앉아 서로의 원고를 검토해 주고 치열하게 토론하곤 했다. 그래서 그들의 글에는 항상 서로의 언어가 깊게 침투해 있다. 둘의 언어가 뒤엉켜 하나의 세계가 된 것이다. 사르트르의 죽음으로 보부아르는 그 세계의 균열을 느꼈다. 완벽했던 세계의 절반이 무너졌다. 이들의 사랑은 남녀의 사랑을 넘어서는 존재의 결합이었다.

진실한 사랑을 하기 위해서는 서로의 언어를 먼저 이해해야 한다. 같은 시공 안에 있어도 다른 언어 안에 있다면 그런 관계는 불안하다. 자신의 언어를 사랑해 주는 사람이 있는데 나도 그의 언어를 기꺼이 사랑할 수 있다면, 이미 그들은 서로를 뜨겁게 사랑하고 있는지도 모른다.

이렇듯 사랑도, 삶의 의미도 인간의 언어, 즉 정신에서 나온다. 사물 자체에서 나오는 것은 없다. 물질 자체에서는 아무것도 나오지 않는다. 아무리 많은 돈과 화려한 물건을 가지고 있는 이들도 불행감을 느끼는 것을 보면 말이다. 물리의 세계는 오류가 없어야 한다.

물을 뿌리면 불이 사라져야 하듯, 물리는 수학적이어야 하며 어긋남이 없어야 한다. 물리의 세계는 인과가 분명해야 한다. 그러나 인간은 그런 인과에 지배받는 존재가 아니다. 같은 물건을 소유한다고 똑같은 인과에 의해 똑같은 효능감을 느끼지는 못한다. (내가 좋아하는 책을 나의 아내가 베개로 사용하는 이유다.)

그렇다면 이것은 오차일까? 다 같은 인간의 모습을 하고 있어도 내면세계는 각각 다르게 생겼기 때문이다. 그런 점에서 유물론을 넘어 유물 지상주의는 다소 문제가 있어 보인다. 마치 원소 기호처럼 인간 가치를 획일화하기 때문이다.

인간이 물질을 만날 때 그 물질의 가치는 물질 그 자체에서 오는 것이 아니라, 그것을 포섭하는 인간 관념으로 결정된다. 물성은 그 존재를 결정하는 하나의 요소일 뿐이다. 인간은 물성을 넘어선 존재이다. 어떤 이들에게는 화려한 보석도 돌덩어리와 같다.

동물을 보자. 땅을 파다 금을 캤다고 떨 듯이 기뻐하는 동물을 본 적이 있는가? 그렇지 않다. 동물은 인간 같은 정신세계를 살지 않기 때문이다. 인간의 세계는 인간 관념 없이 가치를 지닐 수 없다. 물리 세계 자체가 모든 것인 듯 이야기하는 것은 아무도 살지 않는 황금 궁전의 가치를 논하는 것과 같다. 인간이 없다면 화폐는 그냥 종이 쪼가리일 뿐이다.

인간의 관념 없이는 세계는 의미를 가질 수 없고, 그저 허망하고 허망한 것일 뿐이다. 이것은 어쩔 수 없는 인간 실존 방식이다. 물신숭배란 바로 이런 인간이 주인인 자리에 물질을 갖다 놓고, 그것이 무슨 대단한 가치라도 지닌 것처럼 인간보다 앞세우게 하는 사고방식이다. 이것이 현대 물질주의 사회의 우상이다.

세상 모든 만물의 이름은 인간이 지었다. 모든 만물은 인간에 의해 정의되면서 가치를 부여받는다. 그것이 우리가 인식하는 이 세계이다. 인간의 언표 없이는 세계는 붕괴한다. CO_2는 "나는 CO_2요"라고 말한 적이 없다. 그 본질이 진짜 무엇인지 우리로서는 알 수 없다. 다만 현상에 따른 정의만 할 수 있을 뿐이다.

과학도 인간 주관 관념 속 타자와의 협력적인 객관 정의다. 매일 아침에 내가 보는 산책길 풍경은 사유하는 나(인간) 없이는 물도 아니고 풀도 아니고 숲도 아니다. 사실 풍경도 아니다. 우리가 세계의 모든 것들보다 앞서 있기 때문이다. 그러므로 당신의 세계도 당신 없이는 아무런 의미가 없다. 즉 세계의 이름은 당신이 지어주는 것이다. 김춘수의 시처럼 당신이 "그의 이름을 불러줄 때 그가 당신에게 와 꽃이 되듯" 말이다.

의미 부여 능력
당신이 모든 것의 시작이다

"세계는 사물들의 총체가 아닌 사실들의 총체이다." 비트겐슈타인의 말이다. '사실'의 사전적 정의는 '실제로 있었던 일이나 현재 있는 일'이다. 여기에 미래는 없다. 미래는 사실의 세계가 될 수 없기 때문이다. 그러나 인간은 과거나 현재가 아닌 늘 미래를 상상하며 산다. 인간이 미래를 상상하지 못한다면 삶을 이어 나갈 욕구를 느끼지 못할 것이다. 그것이 바로 의미의 세계다.

자연과학의 발달은 인간에게 모든 것을 기호화하고 수식화하도록 만들었다. 그로 인해 인간은 세계의 현상을 수로 정의하는 것에 익숙해졌다. 가령 나의 방에 있는 책상은 가로 1미터, 세로 2미터, 높이 1.5미터 크기로 만든 혼합 목재, 이런 식으로 수식화되어 게시된다. 그러나 나에게 이런 수치는 의미가 없다. 나에게 책상은 상상하는 곳, 사색하는 곳, 그저 그것이다. 이것은 수식화될 수 없다. 나의 상상을 계량화해서 수치화할 수 없기 때문이다.

오늘 내가 연인과 이별하여 무척 슬프고 괴롭다고 하자.

이것 역시 고통 1.2, 고통 1.3 같은 식으로 수치화할 수 없다. 수치화는 인간의 주관적 경험을 통해 포착된 사물, 현상, 사태 등을 객관적 표준으로 수렴하기 위한 집합적 기호일 뿐이다. 각 개인의 주관 속 의미는 결코 정의될 수 없다.

인간이 다른 종에 비해 탁월하게 문명을 발달시킬 수 있었던 이유도 바로 이런 탁월한 의미 부여 능력 덕분이다. 동물 역시 미래를 상상해서 음식을 저장하는 등의 행동을 한다. 그러나 이것은 본능적 생존 상상으로, 동물은 이것 이상을 뛰어넘는 의미 부여를 하지는 못한다.

그러나 인간은 자신과 대상관계와의 의미를 부여해 새로운 세계의 지평을 만들어낸다. 앞서 말했듯이 이것을 철학에서는 '지향성'*Intentionality*이라고 한다. 그러나 물리 자체에는 지향성이 없다. 지향성은 그것을 의식하는 주체와 의식되는 대상이 필요하기 때문이다. 내가 없이는 지향성은 성립되지 않는다. 오늘 당신이 걸으며 보고 감탄하는 푸른 하늘과 깨끗한 냇물, 신선한 바람과 흩날리는 꽃, 사실 이것은 H_2O, O_2로 이름 붙여진 온갖 화학 원소들의 혼합 현상일 뿐이다.

이런 화학 현상에 '푸른, 깨끗한, 신선한, 흩날리는' 같은 의미를 부여하는 것은 바로 당신의 탁월한 의미 부여(의식 작용) 능력 덕분이다. 바로 그것으로 당신은 기꺼이 밥도 안 나오는 산책길을 행복하게 걷는다. 이런 능력이 인간에게 없었다면 인간 역시 동물과 같은 본능에 충실한 개체로 머물렀을 것이다. 문명도 없었을 것이다. 이런 의미 부여 능력으로 인해 인간은 문학, 음악, 회화, 문화와 예술의 세계를 창조했다.

그러나 과학의 발달과 유물론적 편견은 역설적으로 근대 이후 의미적 상상 능력을 퇴보시키기 시작했다. 세계를 인식하는 방식의 패러다임이 변했기 때문이다. 수량화되지 않는 것을 모두 무가치하게 여기는 나쁜 습성이 생기기 시작한 것이다.

물론 과학은 문명 이래 인간이 발견한 최고의 방법론이다. 특히 실용적인 측면에서 그렇다. 그러나 그것이 세계의 의미까지 정해줄 순 없다. 만유인력, 중력의 발견, 상대성은 그 자체로 어떤 의미를 가리키고 있지는 않다. 현실 세계의 현상을 기술하기 위해 인간이 창조해낸 집합적 정의일 뿐이기 때문이다.

그러니 당신 삶의 의미를 수식화하지 마라. 기호는 당신의 삶을 정의 내릴 수 없다. 나의 월급이 얼마인지, 나의 성적 점수는 몇 점인지, 이 숫자의 기호는 단순 집합일 뿐이다. 마찬가지로 이것이 당신 생의 본질을 해명할 수 없다. 이것에 따라 당신의 삶까지 정의하지 마라. 여기에 나라는 '변수'를 집어넣은 삶의 방정식은 바로 당신만이 만들어낼 수 있는 '의미 부여 능력'만이 정의 내릴 수 있다.

춤추는 인간
어나더 라운드 *Another Round*

인간은 끝없이 움직이는 생물이다. 그래서 동물이다. 마음도 이와 같아서 끝없이 변화를 꿈꾼다. 같은 일을 반복하면 일탈을 꿈꾸고, 일탈을 반복하면 안정을 꿈꾼다. 마음도 매일매일 들고난다. 가만히 있으면 움직이고 싶고, 움직이고 있으면 가만히 쉬고 싶다. 왜 이럴까? 그 내면을 가만히 들여다보면 단순히 변화하고 싶은 심리가 의식에 잠재되어 있기 때문이다. 인간에게 반복은 지루하게 느껴진다. 어쩌면 당연하다. 그렇지 않다면 죽은 상태나 마찬가지다.

 우리의 마음을 자세히 관찰하다 보면 대부분의 일상적 울적함은 권태에 의해 발생한다. 인간은 동물이기 때문이다. 동물의 속성은 움직임이다. 몸만을 움직이는 것이 아니라 의식도 끊임없이 움직인다. 이는 우리의 의지와 상관이 없다. 그냥 움직인다. 꿈을 생각해 보자. 여러분은 어떤 꿈을 꾸겠다는 의도를 가지지 않지만 저절로 꿈을 꾸게 된다. 의식이 움직이지 않는 것은 역시 죽음의 상태이다. 왜 그런지는 모르지만 우리는 그렇게 태어났다. 의식은 항상 움직일 것을 권하고, 움직이지 않으면 권태라는 심리를 작동시킨다. 아무리 신나는 음악이라도 계속 듣다 보면 지루하고, 아무리 맛있는 음식이라도 계속 먹다 보면 질린다.

쇼펜하우어는 인간의 실존 상태를 단순하게 두 가지 상태로 구분하는데, '욕망' 상태 아니면 '권태' 상태이다. 가만히 집에 며칠 있으면 권태가 찾아온다. 그걸 해소하고자 부지런히 돌아다닌다. 그런데 나가서 한참 놀다 보면 집에 가고 싶어진다. 이 역시 권태 상태이다. 본질상 다르지 않다. 우리는 이런 반복적인 변화를 매일매일 지속하며 살아간다. 고대 철학자 헤라클레이토스는 이것을 우주의 원리로 보았다. 그는 세상의 유일한 진리는 '변화'라고 했다.

마음이란 끝없는 변화를 일으키는 엔진과도 같다. 우리가 하는 것 같지만, 실은 자동화되어 있는 알고리즘 같은 것이다. 항상 변화 없는 마음이란 없다. 즐거움과 우울, 이 두 가지 감정 교차는 이런 변화를 추동하는 엔진 오일 같은 것이다. 그 자체는 큰 의미가 없다. 기능이지 본질이 아니기 때문이다.

항상 같은 감정 상태를 가진다는 건 일반적으로 불가능하다. 일부 고도의 심리 수행자들에게나 나타나는 현상이다. 그래서 나는 어떤 특정한 감정 변화가 생길 때마다 일단 다음과 같은 질문을 던진다. 이 감정이 진짜인가? 아니면 단순히 권태로 인해 변화하고 싶은 건가?

어떤 일을 저질러놓고 금방 후회할 때가 있다. 후자의 상태에서 결정했기 때문이다. 그래서 단순한 감정 변화에 지나치게 의미를 두지 않는 게 좋다. 세상 무너질 것처럼 싸우고 며칠 지나면 화가 눈 녹듯 사그라들 때가 있다. 어쩌면 항상 좋았기에 화가 나는 게 아닐까? 이렇게 보면 권태 상태는 일종의 망각 상태이다.

아무리 맛난 음식도 매일 먹으면 괴롭다. 그렇지만 맛난 음식이라는, '맛있다'라는 그 본질이 변한 게 아니다. 내 감각이 익숙해진 것뿐이다. 우리가 하는 일도 마찬가지다. 지루하게 느껴지고 반복해서 할 일이 짜증 나게 느껴져도, 분명 그 일을 처음 했을 땐 보람차고 행복했던 순간이 있었을 것이다. 그래서 사람은 결국 떠났다 다시 돌아오는 일을 반복하게 된다.

다만 감정을 너무 무시하지 않으며 살면 된다. 일부러라도 삶에 작은 변화를 지속적으로 주어야 좋다. 그래서 취미, 여행, 운동 같은 것들이 인간 생존 방식으로 필요하다. 이는 작은 변화를 반복적으로 일으킴으로써 오히려 우리 삶을 큰 일탈 없이 붙들어 주는 기능을 하기 때문이다. 이것이 일상적 권태를 해소해 준다.

그러므로 중요한 것은 '알아차림'이다. 나의 상태를 객관적으로 알아차린다는 의미다. 이 능력은 오직 인간에게만 있는 능력인데 자신의 상태를 메타인지 하는 것이다. 동물은 어떤 움직임을 하면서 왜 자신이 그러고 있는지를 모른다. 그런데 인간은 내가 왜 이 행동을 하는지를 안다. 그렇게 알아차리는 것이다. 그런 알아차림이 있으면 흘러가는 대로 살기보다는 길을 만들 줄 알게 된다. 일상 속 권태를 이기는 방법은 변화 외에는 없다. 그래서 작은 변화를 조금씩 주는 삶이 권태에 빠지지 않을 수 있는 좋은 방법이 된다.

  인간에게 감옥은 형벌이다. 하지만 감옥도 원할 때 나갔다가 올 수 있다면 집이 된다. 오늘도 여러분이 어딘가로 떠난 이유는 사실 다시 돌아오기 위해서이다. 그러니 너무 멀리 가지는 말자. 우리의 인생은 소중하니까.

  2022년 개봉한 덴마크 영화 〈어나더 라운드 Another Round〉, 이 영화는 권태와 불안에 대한 심리탐구를 내밀히 그려내 호평을 받았다. 소재는 술이다. 이 영화를 한마디로 표현하자면 시종일관 취해서 비틀거리는 내용이다. 불확실성으로 가득 차 비틀거리는 인간의 심리를 술이라는 자극제를 통해 고찰한다.

  우리는 삶이라는 함정에 빠져 있다. 기쁨과 슬픔은 우리 감정의 변화일 뿐 현실은 그저 항상 무심할 뿐이다. 삶이란 결국 그런 것이다. 그렇기에 우리는 늘 자극을 원한다. 삶이란 독하게 권태롭고 무심하기에 우리에겐 자극제가 필요하다. 이 영화에서 자극 기제는 술이다.

  그렇게 우리는 불안 속에서 자극에 취해 나아간다. 〈어나더 라운드〉는 술에 대한 실험영화라는 외투를 입었지만, 한 층 더 들어가면 덴마크의 실존주의 철학자 쇠렌 키에르케고르Søren Aabye Kierkegaard, 1813-1855로 대표되는 불안에 관한 탐구 리포트이자 인간 실존에 관한 영화다. 영화에서 이런 문장이 나온다.

"불안은 실패의 두려움에 대한 인간의 대응 방식이다."

이 문장에는 영화의 전체적인 함의가 담겨 있다. 실패에 대한 두려움은 어른이 될수록 더욱 커진다. 성장은 늘 실패의 그림자를 품고 있다. 영화에 등장하는 순수로의 회귀를 갈망하는 다층적 은유(교실 안 신난 선생, 침대 오줌, 아이 손을 잡는 장면 등)가 이를 잘 말해준다. 술에 취하면 어린아이가 된다. 그리고 잠시나마 불안을 극복한다. (정신분석학 창시자 프로이트는 인간의 정신 구조는 자아^{ego}, 초자아^{superego}, 원초아^{id}, 이렇게 3개의 자아가 있다고 했는데 내가 봤을 때 이 이론은 불안하다. 오랫동안 지켜본 결과 인간의 자아는 3개가 아니라 4개다. 거장 프로이트도 하나를 놓쳤다. 그 4개는 자아^{ego}, 초자아^{superego}, 원초아^{id} 그리고 바로 취중 자아^{alcoholego}이다. 물론 농담이다.)

사실 생이라는 깊은 허무 앞에서 술은 바로 나 자신일 수 있다. 취한 것은 '나'이지 '세상'이 아니기 때문이다. 영화의 마지막에서 배우 메즈 미켈슨$^{Mads\ Mikkelsen}$이 보여주는 춤사위에 그것이 담겨 있다. 이 지점에서 술과 삶의 경계는 이미 희석되어 있다. 슬픔과 기쁨이 모두 담긴 한잔처럼 그의 춤

역시 술처럼 흘러내린다. 미켈슨의 춤은 영원히 반복되는 우리 인생의 희비를 모사한다.

    그렇게 '어나더 라운드'는 반복된다. 생이란 슬픔도 기쁨도 아니다. 그저 인간의 실존이다. 우리가 똑같은 술을 마셔도 언제는 울고 언제는 웃듯이 말이다. 해피엔딩인지 새드엔딩인지 딱 잘라 말하기 어려운 해석적 결말이 주는 묵직한 울림이다. 그러나 삶은 아직 끝나지 않았다. 결국 춤은 우리가 추는 것이다. 그렇게 우리는 오늘도 달콤하게 쓴 성장통이라는 술을 마신다.

고독도 능력이다
나만의 섬이 필요하다

자존감이 낮은 사람은 유독 '질투심'이 강한 특징을 보인다. 자존감과 시기, 질투는 양립하기 어렵기 때문이다. 자존감이 높으면 남들보다 높은 인격을 가져서가 아니다. 인격 면에서 큰 차이는 없다. 진짜 자존감이 높은 사람은 사유의 방향이 항상 자신을 향해 있어 타자에게 무관심하다. 늘 자기 삶과 일에 몰입된 상태이다. 높은 차원의 사유를 하는 사람일수록 더 그렇다. 그래서 필연적으로 고독해진다. 쇼펜하우어가 "고독도 능력"이라고 한 이유다.

보통 질투는 인정욕구에서 시작된다. 그것이 지나치면 타인의 능력을 질투하게 된다. 나를 높일 시간에 타인을 깎아내리는 데 시간을 쓴다. 반면에 자존감이 높은 사람일수록 인정욕구가 오히려 높지 않다. 이들은 타인의 인정이 필요 없다. 존재 자체가 충만한 상태이기 때문이다.

사르트르는 "타인은 지옥이라" 말했다. 인간은 '세계-내-존재'로서 늘 타인이라는 상대로 인해 개체화되고 객관화되어 버리곤 한다. 이것은 타인이 주는 시선의 감옥이다. 그렇게 인간은 서로에게 얽매인 존재이다. 그러나 타자에게 비치는 나는 사실 진실한 내가 아니다. 그것은 '타자의 나'이다. 여기서 존재 상실이 일어난다. (착각하지 말아야 한다. 타자의 시선에 지나치게 맞추는 것은 타자를 배려하는 것이 아니다. 배려는 서로의 개성을 존중하는 것이다.)

이제부터 그 존재는 내 안에 있는 것이 아니라 타자의 머리 안에 있다. 그래서 그들의 머리를 만족시켜 주기 위한 인정 투쟁이 일어난다. 그러나 실상 그것은 타자의 노예 상태로 들어가는 것과도 같다. 이것이 지옥의 시작이다. 자존감이란 이런 노예의 사슬을 끊는 것이다. 노예는 연기를 하고 자유인은 삶을 산다. 타자의 시선에 자기 존재를 잃지 않고 '자'기 '존'재를 '감'각하는 상태, 그게 '자존감'이다.

자연주의 철학자이자 오랫동안 사랑받아 온 고전 『월든』의 저자 헨리 데이비드 소로 *Henry David Thoreau, 1817~1862*는 "나는 고독처럼 다정한 친구를 만나본 적 없다."라고 말한다. 또한 소로는 대인관계에서 오는 피로함이 인간을 더욱 고독하게 만든다고 주장한다. 우리가 사람을 만날 때 그것이 나의 시간이 아닌 타인의 시간이라면 고독하다. 이는 마치 배우가 연기를 할 때 직업의식 같은 것이다. 내가 관심 없는 이슈와 생각들을 억지로 해야 할 때의 괴로움은 군중 속 고독을 가져온다. 나는 웃고 있지만 즐겁지 않고, 나는 귀 기울여 듣고 있지만 혼자 있다.

고독을 물리적 거리로 생각하는 이에겐 항상 누군가가 함께 있어야 할 것이다. 하지만 고독을 정서적 거리로 생각하는 이는 사람이 많아도 고독을 느낀다. 그에게 정서적 거리가 멀고 물리적으로 가까운 타자란, 그저 눈앞에 나타났다가 사라짐을 반복하는 사람이다. 그 시간에 자신이 좋아하는 영화를 보는 게 낫다. 말을 하지만 소통이 아닌 시간은 혼자 있는 것과 같기 때문이다. 그러므로 친구가 꼭 내 앞에 현존하는 인간일 필요는 없다. 정서적인 것은 관념적인 것이다. 물리가 주는 환상을 버린다면 그것 말고 생각이 같은 친구와 사귀는 방법은 무궁무진하다. (그렇다고 베개에 사람 얼굴을 그려놓고 껴안고 있지는 말자. 그건 너무 슬프다.)

친구는 자연이 되기도, 동물이 되기도, 책 속의 그 누군가이기도 하다. 에드문트 후설 Edmund Husserl, 1859-1938은 "의식은 항상 무언가에 대한 의식이다."라는 말을 했다. 의식은 지향성이다. 여기에 한 가지 더 보탠다면, 그 무언가를 인간은 스스로 정할 수 있다. 그것은 살아 있는 존재일 수도, 아닐 수도 있다.

최근에 나는 오디오북을 들으며 잠든다. 얼마 전 헤르만 헤세 Hermann Karl Hesse, 1877-1962의 에세이집 『삶을 견디는 기쁨』을 들었는데, 그날 가장 친한 친구는 헤르만 헤세였다. 그는 이미 60년 전에 세상을 떠난 인물이지만, 나의 지향적 세계에서는 실존했다. 헤세는 그날 밤 내 귓가에 본인이 살아온 인생에서 고통과 아픔을 들려주고, 위로를 건넸다. 그와 함께하는 시간 동안 단 한 순간도 외롭지 않았으며 즐거웠다.

지금껏 살아오는 동안 내 주변에서 헤세만큼 이렇게 따뜻한 위로를 들려줄 수 있는 '지금-여기-존재'하는 사람은 누가 있었을까? 손에 꼽는다. 매일 밤 또 누굴 만나 이야기를 듣고 대화할지를 생각하면 그 자체로 이미 행복하다. 그렇다면 이런 질문을 던질 수 있겠다. "나는 지금 혼자 있는가?" 존재론적 의미에서 '혼자 있는 인간'이란 '아무것도 지향하지 않는 인간'일 수 있다.

물질로 존재하지 않으면 존재가 없다고 생각해선 안 된다. 이는 인간이 동물과 같아지는 셈이다. 모든 동물은 물질의 시공만을 살아간다. 그들에겐 '사유'라는 세계 자체가 없기 때문이다. 그들에겐 눈에 보이지 않는 것은 그냥 '무'다. 어떤 동물이 60년 전 죽은 동물과 친구가 될 일은 없다. 그러나 오직 인간만은 '자기 의미의 시공' 속에서 다양한 존재를 만난다.

인간의 지향성은 물리적 시공을 넘나든다. 이것은 인간만의 놀라운 능력이다. 만약에 인간에게 이 능력이 없었다면 철학도 문학도 존재할 수 없을 것이다. 쇼펜하우어가 "고독도 능력"이라고 한 이유도 이와 같다. 그 '의미의 시공'이 잘 건축된 사람에겐 사실 고독은 없을 테니 말이다. 그는 혼자 있는 것 같아도 지금도 누군가와 부지런히 이야기하고 있을 테니 말이다.

그러므로 때로 고독으로 도망쳐야 한다. 다양한 존재들을 만나기 위해서 말이다. 이는 복잡한 연결사회가 불러온 부작용에서 벗어나는 방법이 되기도 한다. 사회철학자 지그문트 바우만Zygmunt Bauman, 1925-2017은 그의 저서 『고독을 잃어버린 시간』에서 현대 초연결사회가 가져오는 고독의 상실을 자세히 논한다. 그는 가상 세계가 현실 세계에 어떤 부정적 영향을 남기는지 이야기한다. 그의 가상 세계에 대한 사유는 짚어볼 필요가 있다.

온라인 연결 사회를 가상의 사회로 바라보는 것은 이제 다소 구식 사고임이 분명해 보인다. 우리는 대부분의 일을 이제 온라인 네트워크에서 처리하고, 커뮤니케이션의 90%를 통신망을 통해 유지한다. SNS에서 약속하고 누군가를 만날 때 가상의 인물이 나오지 않는다. 오프라인에서 만나는 관계는 진짜고 온라인에서 만나는 관계는 가짜라는 사고방식은 관념의 산물이 되었다. 가상의 수단이 현실을 창조할 수 없는 법이다. 그러나 우리는 온라인이라는 수단으로 현실을 창조하고 있다. 가령 우리는 온라인에서 만나는 여러 타인과 소통하며 생각을 공유하고 의견을 교환한다. 어쩌면 텅 빈 껍데기 같은 오프라인 만남보다 훨씬 진실할 수 있다.

나 역시 공통 관심사를 가진 사람을 오프라인에서 만나기 어려웠다. 오히려 온라인 네트워크를 통해 더욱 많은 사람들과 연결됐다. 그들과 정기적으로 만나 여러 일들을 함께 한다. 출판사 편집인들이 대표적일 것 같다. 그분들과 만나 신간을 기획하고 출간했다. 본 저서도 그렇게 탄생했다. 이

분들은 가상의 캐릭터가 아니었다. 그런 측면에서 봤을 때 오프라인 만남은 현실이고 온라인 만남은 가짜라는 사고방식은 그 논리적 근거가 매우 빈약하다. 하물며 앞으로 기술이 발달하면 온오프의 경계가 완전히 사라진 특이점에 도달하게 된다. 그런 사회를 맞이하는 데 이런 철학적 사유는 큰 효용이 없을 것이다.

그럼에도 불구하고 바우만이 지적한 몇 가지 연결 사회와 고독에 대한 사유는 현시대를 살아가는 현대인에게 많은 시사점을 남긴다. 그는 첫 번째로 '변할 권리의 박탈'을 연결 사회의 부정적 특징으로 꼽는다. 온라인 사회의 특징은 게시적이라는 데 있기 때문이다. 사람들은 이제 자기 생각을 블로그나 SNS에 알린다. 문제는 그것이 영원히 어딘가에서 떠돈다는 것이다. 인간은 성장하고 생각도 변함에도 불구하고 이런 측면이 정체성이 되어 시간 속에 가두고 붙잡는다.

나는 첫 책을 출간했을 때 온오프 매체 다섯 군데에 동시 기고를 한 적이 있다. 그 시절 기계처럼 글을 찍어내다시피 한 것 같다. 1년간 200편 정도의 글을 기고했다. 그리고 수년 뒤 해당 주제에 대한 글을 우연히 보는데 동의하기가 어려웠다. 필자를 확인했는데 놀랍게도 내 이름이 적혀 있었다. 수년간 내 생각과 관점이 변한 것이다. 아마도 그 글이 게시된 시점의 독자들은 나를 그 글과 여전히 동일시하여 사고할 것이다. 그런 측면에서 바우만은 인간의 정체성은 '생분해성'일 필요가 있다고 말한다.

두 번째, 업그레이드적 소비의 가속화다. 기술사회가 빠르게 발전할수록 인간도 점점 버전으로 평가되고 있다. 패스트 소비 현상은 빠른 기술과 비례한다. 우리는 2년 주기로 새로운 기능을 탑재한 휴대전화로 교체한다. 이런 업그레이드를 따라가지 못하면 버전이 후진 인간으로 취급받기 일쑤다. 아직 정서적인 측면이 미성숙한 청소년의 경우 이것에 더욱 민감하다. 또래 아이들과 수준을 맞추지 못하면 어울리기도 쉽지 않다. 기술사회 이전 소비는 인간의 계급적 표상을 보여주었을 뿐, 인간 근원 자체의 혁신성을 내포하지 않았다. 그러나 현대 소비는 이런 혁신성을 중심으로 하여 소비 마케팅을 펼친다. 즉, 근대에는 명품 가방이 없다고 뒤떨어지는 인간이라 평가받지는 않았지만, 최근에는 2G폰을 사용하면 원시인 취급을 당한다. 이것은 교묘한 기술 자본주의의 심리 마케팅과 연결되어 있다.

　세 번째, 공적 영역에 대한 사적 침투이다. 온라인 사회에서 수많은 정보는 공적인 것과 사적인 것에 대한 경계선을 희석해 버렸다. 예전에는 어떤 공식적 의견이 전통 레거시 미디어나 아침 조간에 실렸다면, 이제 개인이 어디에서든지 미디어의 역할을 할 수 있다. 이는 기존 독점적 정보 권력을 분쇄하는 데 긍정적인 효과를 발휘한 측면이 있다. 그러나 이로 인해 공적 영역에 대한 사적인 지배는 줄었지만, 오히려 사적인 것과 공적인 것이 마구 뒤엉켜 사적인 것이 공적인 것에 역침투하는 현상이 나타난다. 멀리 갈 것도 없이 지금 우리 사회를 바라보면 이 현상을 즉각적으로 이해할 수 있을 것이다. 가짜뉴스를 신봉하고 움직이는 정치인들을 보라. 그들은 누군가의 사건을 골라 공적 영역에 침투시키는 매개체 역할을 하고 있다.

바우만은 이런 현대 사회의 과도한 엉킴에서 벗어나기 위해서라도 고독의 능력이 필요하다고 말한다. 사회를 조금 떨어져서 객관적으로 바라볼 수 있는 시야를 확보해야 하기 때문이다. 그 방법으로 바우만이 제안하는 것은 "익숙함을 낯설게 보기"이다. 우리를 스쳐 가는 수많은 익숙함 속에 매몰되지 말고, 늘 새롭게 보는 자세가 필요하다. 그것이 바로 고독함이다. 좀 더 쉬운 이해를 위해 바우만의 문장으로 직행하는 게 좋겠다.

"외로움으로부터 도망치는 사람은 고독의 기회를 놓친다. 사람이 생각을 '그러 모아' 숙고하고 반성하고 창조하는 능력, 그 마지막 단계에서 타인과의 대화에 의미와 본질을 부여하는 능력에 바탕이 되는 숭고한 조건을 잃는 것이다. 그러나 고독을 한 번도 맛보지 못한 사람은 자신이 무엇을 박탈당했고 무엇을 버렸고 무엇을 놓쳤는지조차 영원히 알 수 없을 것이다."[52]

---

52 지그문트 바우만, 『고독을 잃어버린 시간』, 오윤성 옮김, 동녘, 2020, 전자책, p.18.

얼마 전 TV 프로그램 〈한국기행〉을 봤다. 은퇴하고 혼자 섬에 들어온 한 중년 남성이 주인공이었다. "섬이 좋은 이유가 무엇이냐?"는 취재진 질문에 그는 이렇게 답한다. "아무도 말을 시키지 않는다."

사르트르가 말한 것처럼, 인간이 주체가 되지 못하는 이유는 타인의 시선 때문임을 온전히 보여주는 사례이다. 내가 내가 되지 못하는 이유는, 내가 나를 나의 시선으로 바라보는 것이 아니라 타인의 시선으로 나를 보기 때문이다. 이 안에서 인간은 영원히 주체가 되지 못하고, 객체에 머무른다. 내가 내 안에 있는 것이 아니라, 타인 안에 분산되어 있기 때문이다. 바우만이 현대인은 고독할 권리를 박탈당했다고 본 이유다.

요즘 아이들은 4세 고시를 본다고 한다. 이는 아직 '나'라는 정서가 형성되지도 않은 아이들을 '인정 투쟁'이라는 타인의 시선 속으로 던지는 것이다. 그 시선 속에서 아이들은 남이 생각하는 내가 자신인 줄 알고 살아가게 될 것이다. 그렇게 고독할 권리를 박탈당한 아이들은 타인의 시선이라는 감옥에서 성인이 된다. 우울, 강박, 공황, 현대 사회의 여러 병리학적 문제는 바로 여기서 발생한다. 그래서 인간은 타인의 시선이 닿지 않는, 자신만의 고독이라는 섬 하나를 가져야 한다.

웃음
비극을 극복하는 방법

나의 SNS 친구들은 나에게 늘 '유머집'을 내라고 권한다. 소셜 네트워크 사회에서 꽤 웃긴 인간으로 통하기 때문이다. 나는 매일 하루에 한 번 이상 그날의 재미났던 일화를 공유한다. 어떤 분은 "어떻게 그렇게 매일 웃긴 상황이 일어나는 겁니까?"라고 묻는다. 그러나 일상을 잘 관찰하다 보면 평범한 생활 안에도 재미있는 지점이 보인다. 우리가 너무 일상을 무심하게 살아가기에 그것을 알아차리지 못할 때가 많을 뿐이다. 늘 웃을 준비가 되어 있는 나에게는 그것이 아주 잘 보인다. 이는 일상 속 지루함을 탈출하기 위한 나만의 비결이기도 하다. 웃음은 우울감에 대한 최고의 방어기제이기 때문이다.

사실 나는 어릴 적에 경험과 특유의 비관적인 회의 때문에 우울감을 느낄 때가 많았다. 때때로 감정의 밑바닥 깊은 우물 안에 홀로 고독하게 잠겨 있는 자아를 발견하곤 한다. 그것에 집중하다 보면 뚫고 나올 길이 보이지 않을 때도 있다. 그래서 그곳에 갇히지 않도록 세상과 나 사이에 다리를 늘 연결하려 한다. 그 다리가 바로 웃음이다. 웃음의 전도 속성은 닫힌 방에 열린 창 역할을 한다. 그것이 마음을 환기해 깊이 잠겨 있던 자아가 수면 위로 떠오르게 한다. 그리고 주위를 보면 나무도 꽃도 있다는 것을 알게 된다.

앙리 베르그송은 웃음이라는 주제를 가지고 하나도 안 웃기게, 진지하게 고찰한 철학자였다. 그는 자신의 저서 『웃음』에서 "희극성은 무의식의 산물"[53]이라고 말한다. 즉 웃는다는 것은 무의식을 바꾸는 일이다. 또한 그는 "웃음이 세상의 기계적인 경직성을 부드럽게 바꾸어 준다."라고 말한다. 웃음을 통해 내가 만나는 세상을 더욱 부드럽게 바꿀 수 있다는 말이다.

베르그송 통찰의 핵심은 "웃음이란 일종의 사회적 제스처"[54]라는 문장에 담겨 있다. 웃음은 인간의 기대를 배반하는 현상을 통해 유발된다. 길을 똑바로 걸어가다 빙판길에 이리저리 흔들리며 춤을 추는 사람을 보면 우리는 웃음을 터트린다. 왜 그럴까? 계획의 실패 때문이다. 그는 잘 걷고 있었고 누구나 잘 걸을 거라 예상했는데, 그 기대가 순식간에 무너지면서 웃음이 발생하는 것이다. 이렇듯 일반적인 궤도를 벗어나는 불완전성에 웃음의 비밀이 있다. 그의 웃음에 대한 정의를 한마디로 요약하자면 '기대 위반'이다. 어떤 현상에 대해 예상했던 범위를 벗어날 때 사람들이 웃기

---

53 앙리 베르그송, 『웃음』, 정연복 옮김, 문학과지성사, 2021, p.25.
54 앙리 베르그송, 『웃음』, 정연복 옮김, 문학과지성사, 2021, p.29.

때문이다.

근엄한 표정의 교장선생님께서 일장 연설을 하는 도중 바람이 불어 가발이 날아가거나, 틀니가 빠지는 장면을 보면 모든 이들이 폭소를 참을 수가 없다. 이런 진지함을 허무는 긴장 해소, 여기에 웃음의 비밀이 있다. 그래서 반전이 없는 인생은 지루하고 재미가 없다.

그러나 진정 중요한 지점은 회복에 있다. 빙판길에서 요리조리 궁둥이를 내빼고 비틀대는 사람들을 보면 우리는 웃음이 터지지만, 그가 정말로 넘어져서 119를 불러야 하는 상황이 되면 더 이상 웃을 수 없다. 자녀를 군대에 보낼 때 우리 모두 울지만, 무사히 전역해 그의 허풍과 무용담을 들으면 그제야 웃을 수 있다.

그렇게 '다시 돌아옴'이란 회복이 전제돼야 웃을 수 있다. 베르그송의 '제스처'란 사회적 회복의 '제스처'인 것이다. 그럴 때 웃음은 인간의 무의식적 방어기제가 되고 긴장감을 해소해 주며, 삶에 유연성을 더해주는 완화 기능을 한다. 그런 점에서 웃음은 '긍정적 기대 위반'이라고 정의할 수 있다. 웃음에는 생을 향한 열정과 치유를 위한 소망이 담겨 있다. 그래서 웃음은 불행의 끝을 알리는 회복의 시작이다. 삶을 향한 인간의 '적극적 의지'이기 때문이다. 그렇게 우리는 우리 삶에 닥친 비극을 극복해 간다.

가족 중 누군가가 "나 복권 당첨됐어!"라고 말하는 순간 모두 놀라지만, 곧바로 그가 "뻥이야!"라고 하면 우리는 "아이 뭐야!" 하며 웃음을 터트린다. (이런 장난을 너무 많이 하면 몰매 맞는다.) 이 역시 기대의 위반 때문이지만, 특별히 손해 볼 것도 없기에 웃음을 터트리게 되는 것이다.

철학자가 웃음이라는 키워드를 가지고 이렇게 안 웃기고 진지하게 이야기하는 것 자체도 사실 굉장히 웃긴 일이다. 그런 점에서 베르그송은 나를 진지하게 웃긴 최초의 철학자다. 아무튼 베르그송의 통찰은 인간의 희극성은 늘 인간의 비극성을 깔고 있다는 점이다. 어떤 희망이 발생하고 우리가 그곳에 도달할 수 없음을 깨닫는 순간 긴장감은 해소되고, 아이러니하게 희극성이 발생한다. 그래서 뒷맛이 씁쓸하다.

인간의 웃음은 이렇듯 역설적인 요소를 품고 있다. 결국 웃음이란 인간이 인간에게 주는 '위로의 언어'이다. 우리 앞에 닥친 비극적 일상을 웃음이 희극적 요소로 변화시켜 준다. 우리가 꿈꾸던 어떤 기대에 어긋날 때 실망하고 넘어지기보다는, 순간 자신을 객관화하여 희극의 주인공으로 이완시켜 주는 것이다. 그런 점에서 웃음이란 스스로 털어내고 다시 삶을 이어가는 데 꼭 필요한 삶의 동력이라 말할 수 있다. 영원한 파멸이 아닌 희망을 전제로 하기 때문이다. 웃음이란 회복을 위한 작은 반창고 같은 것이다. 전설적인 코미디언 찰리 채플린은 이렇게 말한다. "웃음 없는 하루는 낭비한 하루다."

김씨 표류기
행복은 과정에 있다

2009년에 개봉한 영화 〈김씨 표류기〉를 보면, 주인공이 한강 무인도에 갇혀 짜장면을 만들어 먹는 장면이 나온다. 그 모습을 망원경으로 안타깝게 지켜보던 은둔형 외톨이 여인이 그에게 짜장면을 배달해 주는데, 그는 배달된 짜장면을 거부하고 계속 짜장면을 만든다.

이 부분이 이 영화의 가장 상징적인 장면이다. 인간의 행위는 그 결과의 물리적 속성이 아니라는 것을 알려주기 때문이다. 이 장면이 이 영화의 전체적인 함의다. 행위 자체의 수행과 과정, 그에 따른 자기 달성이 핵심이다. 어떤 이들이 목도리 살 돈이 없어서 뜨개질하는 게 아니듯 말이다. 금은보화를 가진 이도 자신 삶에서 이렇듯 가치 있는 행위를 찾지 못하면 인생을 무의미하게 느낀다.

고대 인도의 지혜가 담긴 시집 『바가바드 기타』에 이런 구절이 있다. "아무것도 행위하지 않는 인간은 그 육신마저 지탱하기 어려워진다."[55] 이 문구는 행위하는 존재로서 인간의

---

55 정창영, 『바가바드 기타』, 무지개다리너머, 2019, p.39.

실존성을 잘 보여준다. 이렇듯 인생의 가치는 자신이 추구하는 어떤 특정 행위에서 온다. 또한 사람마다 개별적이다.

여기서 중요한 지점은 만족이란 행위의 결과가 아닌 행위 그 자체에서 온다는 데 있다. 결과만을 바라는 행위는 그 자체가 고행이고, 달성치 못하면 불행해진다. 그러나 행위 자체에서 의미와 가치를 찾은 사람은 행위 자체에 기쁨을 느끼고, 결과에 상관없이 이미 '자기완성'적인 삶을 산다.

헨리 데이비드 소로는 노동이 인간에게 주는 기쁨과 가치가 있다고 보았다. 노동이 꼭 신성한 것까진 아니더라도, 적당하고 소박한 노동은 인간 삶에 전환과 환기, 활력을 준다. 사실 우리가 애써 운동을 하는 이유도 육체의 이완과 땀 흘림이 삶의 윤활유 기능을 하기 때문이다. 그래서 소로는 스스로 집을 짓고 작은 노동을 직접 하며 살았다.

소로는 당시 농장 노동에서 소 같은 동물을 쓰는 것을 이상한 일이라고 생각했다. 노동의 기쁨은 소에게 주고, 정작 인간은 소를 먹이고 지키고 그들이 싸놓은 똥이나 치우며 산다는 이유에서였다. 소로는 이를 통해 오히려 가축이 인간의 노예가 아니라 인간이 가축의 노예가 됐다고 보았다. 그러한 이유로 소로는 가축 사용을 거부하고 직접 자신이 밭을 가꾸었다.

나는 보통 스마트폰이나 PC로 글을 쓰지만 노트 필기를 아직도 꾸준히 한다. 특히 독서할 때나 아이디어를 정리할 때 노트에 적는다. 그래서 그런지 다른 데 욕심은 별로 없는데, 글씨도 못 쓰는 악필인 주제에 필기구에 대한 욕심이 강하다.

갑자기 그런 생각이 들었다. 편리한 디지털식 방법이 많은데 난 왜 굳이 이 구닥다리 행위를 아직도 하고 있을까? 태블릿 PC에 적어놓으면 정리하기도 찾기도 쉬운데, 굳이 여러 개의 노트를 돌려가며 적고 있는가? 가만히 생각해 봤는데 아무런 이유를 찾지 못했다. 결국 '그냥 좋은 거다.' 이 행위 그 자체가 그냥 즐거운 것이다.

모든 것이 수단화된 사회에서 어떤 행동이든 편리함과 생산성이라는 결과에 행복이 있는 것처럼 보이지만, 사실 행복은 과정과 경험에 있다. 그래서 그냥 하면 된다. 결과가 아니라 그 '하면'이 행복을 가져다주기 때문이다.

지인들이 자꾸 편리한 태블릿에 적으라 하지만, 손에 전해져 오는 노트의 차가운 감촉, 퀴퀴한 냄새, 펜이 종이 위를 긁으며 서걱대는 소리, 모든 뇌신경이 손에 모이는 느낌, 여백을 채우고 나의 흔적이 된 문장들을 보는 기쁨, 디지털 메모장이란 무한 공간 어딘가에 떠 있는 게 아닌 오직 이 지면에 있는 걸 보는 것, 복제가 없는 순수함, 이것이 그간 '그냥' 행복했다.

독서도 이와 같았다. 나는 정확히 서른다섯 살까지 책을 읽는 것이 전혀 즐겁지 않았다. 아니 고통스러웠다. 학창 시절 책을 본 이유는 시험을 잘 보기 위해서였지 다른 이유는 없었다. 사회생활을 시작한 이후에도 책을 틈틈이 보았는데, 역시 전혀 재미없었고 그냥 업무에 필요한 전문성을 함양하기 위해서였다. 의무가 된 책 읽기는 마치 고통스러운 근력 운동을 하는 과정에 불과했다.

그러다 30대 중반 정신적 위기를 겪은 후 선현들의 지혜가 드디어 귀에 들리기 시작했다. 책을 한 권, 두 권, 세 권, 네 권 빠르게 읽어 나갔는데, 이전과 달리 전혀 고통스럽지 않았고 마치 맛있는 케이크를 먹는 것 같은 희열을 느꼈다. 그렇게 지난 10년, 나는 여전히 주문한 책의 배송이 시작됐다는 메시지가 뜨면 어린 시절 첫 데이트 때의 기다림과 흥분의 설렘으로 빨려 들어간다. 그래서 하루가 매우 짧게 느껴진다. 일을 마친 뒤 책을 펴고 읽다 보면 어느새 새벽이 오기 때문이다.

그렇다면 이런 극적 차이는 도대체 어디에서 오는 걸까? 생각해 보니 이렇게 정리할 수 있었다. 이전의 책 읽기는 목적을 이루기 위한 수단에 불과했지만, 지금의 책 읽기는 목적 그 자체이기 때문이다.

다른 것에 대비해 보자. 어떤 명성이나 지위를 얻고 싶어 예술가라는 삶을 선택했다고 해보자. 그에게 목적은 명성과 지위이지 예술 그 자체가 아니다. 수단이 된 예술은 결코 그에게 꾸준한 즐거움을 가져다주지 못한다. 그가 화가라면 그림을 그리는 모든 순간이 노동일 뿐이고, 그가 가수라면 노래하는 모든 순간이 의무일 뿐이다. 그 일로 목적을 이루었을 때, 즉 명성과 지위를 얻을 때 비로소 그는 그 일에서 충만한 행복감을 얻을 것이다. 그리고 인기가 하락하면 또 불행감을 느낄 것이다. 실제 많은 예술가가 이 함정에 빠져 인기가 하락했을 때 우울감과 불행감을 느낀다.

하지만 생각해 보자. 이렇게 불완전한 것이 행복이라면 행복은 소수만 느끼는 특별한 것이 된다. 이는 매우 부조리하다. 그렇다면 저 많은 가난한 나라 사람들의 행복지수가 높은 이유가 도무지 설명되지 않는다. 그렇다면 또 이렇게 생각해 보자. 모든 시간은 평등한데, 어떤 짧은 시간의 행복을 위해 대부분의 시간에 불행을 느낄 필요가 있는가?

자신의 시간을 수단으로 쓰지 말고 날마다 목적으로 살아가야 한다는 것이 내가 발견한 행복을 이루는 방법론이다. 행복에 가장 빨리 다가가는 방법은 결과가 아닌 '행복한 과정' 그 자체를 만나는 것이다. 우리는 결과를 매일 만나는 것이 아니라 과정을 매일 만나야 하기 때문이다.

칸트는 "인간을 수단으로 대하지 말고 언제나 목적으로 대하라."라고 말한다. 여기에 제일 먼저 해당하는 이가 바로 '자기 자신'이다. 그래서 자신에게는 언제나 '자신만의 표류기'가 필요하다.

스피노자
행복의 철학자

"내일 지구가 멸망하더라도 나는 한 그루의 사과나무를 심겠다." 너무나 유명한 말이다. 스피노자가 한 말이라 알려졌지만, 정확한 정보는 아니다. (그래도 이런 가짜뉴스라면 썩 나쁘지 않다.) 어떻든 스피노자는 행위 그 자체를 기쁨으로 삼았던 철학자다. 그래서 실제 스피노자가 말했어도 그와 매우 어울리는 문장이다. 그는 행위 그 자체에서 오는 기쁨을 알 때 행복할 수 있다는 것을 일찍이 깨달았기 때문이다.

행위가 그저 수단이 되면 인생은 괴롭다. 물론 우리는 먹고사는 문제를 해결해야 한다. 하지만 그저 그것만이 전부라면 인생이 우울해진다. 그래서 어떤 일로 외적 성공을 거둔다 해도, 그 일 자체가 주는 기쁨이 지속되지 않으면 성공의 기쁨은 오래가지 않는다.

그런 점에서 근대 지성의 이단아 스피노자는 매우 행복했던 사람이다. 흔히들 그가 대단히 불행한 삶을 살았다고 생각한다. 그도 그럴 것이, 그는 유대인이었는데 성서의 오류를 지적했다는 이유로 유대인 공동체에서 파문당했기 때문이다. 사실 유대인 공동체는 그의 뛰어난 지성을 흠모했기 때문에 끝까지 설득하려 했다. 그러나 그는 단호히 거절한다. 그의 파문서에는 이런 내용이 있다. "그는 낮에도 저주받고 밤에도 저주받고 잘 때도 저주받고 일어날 때도 저주받을지어다."[56]

그는 한순간 민족의 적이 된다. 모든 유대인은 그와 같은 집에 살아도 안 되고, 말도 하면 안 되었다. 아버지는 그와 절연했고, 친구들은 모르는 체했으며, 누이동생은 그를 저주했다. 어떤 날에는 길을 가다가 괴한으로부터 피습을 당하기도 한다. 다행히 목숨을 건져 평생 동안 작은 다락방에 숨어 살았다. 심지어 유대교만 그를 핍박했던 것이 아니라 기독교도 그를 핍박했다. 성서의 오류를 지적했기에 기독교도 불편해한 것이다. 그래서 그는 평생 많은 저술을 썼음에도 몇 권을 제외하고는 살아생전에 출판하지 않았다.

이쯤 되면 그가 상당히 불행한 상황이라는 것을 알 수 있다. 그러나 그 후 스피노자의 태도는 쉽게 이해되지 않는다. 모든 위대한 인물들은 평생 많은 적에 둘러싸여 살지만, 또 그를 흠모하고 추종하는 사람도 있기 마련이다. 당시 드 브리스*De Vries*라는 거부가 스피노자를 너무 흠모한 나머지 그에게 매달 돈을 보냈는데, 스피노자는 그의 호의를 거절한다. 심지어 그가 죽으면 유산을 모두 스피노자에게 주도록 유언

---

[56] 윌 듀런트, 『철학이야기』, 임헌영 옮김, 동서문화사, 2007, p.160.

했는데, 스피노자가 드 브리스를 직접 설득해 드 브리스 가족에게 유산을 남기도록 한다. 스피노자는 그렇게 평생 '자발적 빈곤'을 유지한다. 생계는 렌즈를 깎아 해결한다.

더욱 이해되지 않는 일이 있다. 그의 명성이 전 유럽에 알려지면서 하이델베르크 대학에서 그를 교수로 초빙했는데, 이를 거절한 일이다. 그는 정중한 어투로 거절의 서신을 보냈는데 이렇게 쓰여 있다.

> "철학적 사색의 자유를 어느 범위까지 제한해야 할 것인지 분명치가 않습니다…. 그렇기 때문에 저는 지금 누리고 있는 지위보다도 높은 어떠한 세속적 지위도 찾지 않으며, 다른 방법으로는 얻을 수 없다고 생각되는 평온함을 사랑하기 때문에 저는 공적인 교수직을 사양할 수밖에 없습니다…."[57]

그동안 그의 이상한(?) 행동의 비밀이 풀리는 순간이다. 적당히 타협해서 갈 수 있는 길은 많았다. 이는 단순한 정의감을 뛰어넘는 무엇이다. 그는 그저 사색하고 지혜 자체를 좇는 삶을 사랑했다. 돈도 명예도 세속적 지위도 이것에 방해가 된다면 그에겐 무용했다. 그래서 나는 그가 누구보다 행복했던 사람이었다고 생각한다. 결국 그의 위대한 저서

---

[57] 윌 듀런트, 임헌영 옮김, 『철학이야기』, 동서문화사, 2007, p.168.

『에티카』는 그의 사후에 출간돼 불멸의 고전이 된다.

퓰리처상을 수상한 미국의 현대 철학자 윌 듀런트Will Durant, 1885-1981는 바뤼흐 스피노자를 두고 "근대의 가장 위대한 유대인이자, 근대의 가장 위대한 철학자였다."라고 평가한다. 나는 여기에 한 가지를 더 보태고 싶다. 근대 유럽의 가장 '행복했던 현자'였다고.

나는 반항한다
고로 존재한다

20세기 위대한 작가 알베르 카뮈가 남긴 글 중에서 내가 가장 좋아하는 문장은 "세계의 침묵과 대결하라."이다. 니체는 이 침묵을 "신의 죽음"이라 했고, 카뮈는 "부조리"라고 했다. 왜 그런지 모르겠지만 우주의 질서에는 이유가 없다. 누군가는 날 때부터 고통 가운데 태어나고, 누군가는 호화롭고 안전한 환경 가운데 태어난다. 열악한 아프리카 나라의 아이들은 만 10세가 되기 전에 수인성 질병으로 절반 가까이 사망하고, 우리를 포함해 영미 유럽 아이들은 대부분 20세까지 무사히 생존한다.

   사회 시스템 문제겠지만, 개인의 존재에는 그 이유가 없다. 누군가는 삶이 선물이고 누군가에겐 형벌이다. 칼 야스퍼스는 인간 존재론적으로 언제나 '상황-내-존재'라고 정의했다. 우리는 날 때부터 각자의 상황 가운데 있다. 이것은 인간 존재의 한계 같은 것이다. 질병, 전쟁, 고통, 사망은 야스퍼스의 말대로 세계가 주는 '한계 상황'[58]이다. 그 상황에 부닥친 개

---

58   도저히 피할 수 없는 삶의 전제, 인간 실존에 주어진 한계에 도달한 상태. 대표적인 것이 '죽음'에 직면한 상황이라 말할 수 있다.

인에게 세계는 아무런 대답도 해주지 않는다.

이것이 카뮈가 말한 침묵이다. 그래서 삶은 반드시 허무로 떨어진다. 18~19세기를 휩쓸었던 허무주의Nihilism는 이런 세계에 대한 반성으로 탄생했다. 카뮈는 그래서 자살 문제를 파고들었다. "단 하나 철학적 주제는 자살이다."라고 한 그의 문장은 이런 고민 가운데 있다. 허무와 자살 문제를 해결하지 않고 인간 실존을 규명하기 어려웠기 때문이다.

그의 걸작 『시지프 신화』는 이런 배경을 품고 있다. 시지프스(프랑스 이름은 시지프)는 매일 돌을 올리는 고통 가운데 영원한 반복을 해야 한다. 니체의 영원회귀 역시 같은 문제의식을 품고 있다. 여기서 한발 더 나아가 니체는 이 반복에 굴복하지 말라고 했다. 이 상황을 돌파할 이유를 세계에서 찾지 말라는 소리다. 니체는 이 반복을 이겨낼 방법은 자기 창조 외에는 없다고 본 것이다.

카뮈 역시 같은 말을 했다. "운명에 반항하라." 자살 역시 반항의 일종이지만 그것은 '부조리'를 승리하게 하는 방법론이기도 하다. 카뮈는 부조리를 각자의 생으로 저항해야 한다고 생각했다. 그게 '반항'의 본질이다. 보란 듯이 살아가라는 소리다. 카뮈의 또 다른 걸작 『반항하는 인간』은 이런 문제의식에서 탄생했다.

이 책이 출간됐을 때 프랑스 지식계에는 일대 반향이 일어났다. 당시 프랑스 좌파들의 주류 관념이었던 헤겔-마르크스주의를 강렬하게 비판하고 있기 때문이다. 이에 따라 당대 또 한 명의 거장 사르트르가 나섰고, 사르트르와 카뮈는 운동과 이념을 주제로 하여 참으로 대단한 논쟁을 펼쳤다. 사르트르는 그의 사상을 '적십자적 윤리'라고 비판했다.

당시는 사르트르의 승리처럼 보였지만, 역사가 지난 후 보니 카뮈가 얼마나 시대를 앞질러 갔었는지 알 수 있다. 절대화된 이념은 너를 구원하지 못할 것이다. 이것이 카뮈의 통찰이었다. 과학 철학자 칼 포퍼 Karl Raimund Poppe, 1902-1994의 통찰도 이와 같다.

플라톤의 이데아, 헤겔의 절대지, 마르크스의 프롤레타리아 혁명 즉 '역사법칙주의'는 이념의 이상만을 달성할 뿐 인간 실존의 부조리를 극복하는 데 분명한 한계를 지닌다. 그래서 카뮈는 각자 개인이 자신의 운명을 적극적으로 개척하는 것이 삶의 혁명이라고 보았다. 그 어떤 이념도 이 앞에 선행하지 말라. 스스로 반항아가 돼라. 사실 카뮈는 사회주의 자체에 대한 비판이 아닌 당시 스탈린과 소련 공산당에 경도된 유럽 좌파 지식인들의 폭력성을 고발한 것이다.

세계의 형벌에 굴복하지 말고 보란 듯이 살아가라던 카뮈는 47세의 젊은 나이에 죽었다. 철학적 자살의 문제를 해결한 그는 교통사고로 세상을 떠났다. 이 또한 참으로 '부조리'하다. 하지만 카뮈는 죽는 날까지 자신의 운명을 적극적으로 개선했다. 세계의 침묵과 치열하게 대결했다.

그는 1차 세계대전으로 아버지를 잃었고, 어머니는 청각 장애가 있는 하녀였다. 가난하게 태어나 평생을 살면서도 대학자들도 이루지 못한 대단한 성과를 올렸다. 이것이 카뮈가 보여준 부조리에 대한 반항이다. 세기적인 저작들을 잇달아 출간했으면서도 주류 지성계에 포섭되지 않았다. 요란한 제도권 학위에 목메지도 않았다. 끝까지 뜨거운 저널리스트로 인생을 마무리했다. 그는 자기 실존으로 우주의 부조리와 싸운 것이다. 그리고 오늘날 우리에게도 이렇게 말한다. "운명에 반항하라, 고로 존재하라."

시지프스처럼
운명을 이겨내는 힘

 그렇다. 우리는 원해서 태어나지 않으며, 원치 않는데도 죽음을 피할 수 없다. 이것이 인간 존재의 깊은 부조리함이다. 태어나면서부터 나의 모든 난 자리가 결정된다. 시대적 상황, 국가, 부모님, 삶의 수준, 개인적 환경, 이 중 누구도 그 무엇도 선택해서 태어날 수 없다.

 세계는 인간에게 이토록 불규칙적이고 가학적이며 독단적인 생활 세계를 제공한다. 우리의 의식이 생기는 순간 이미 세계의 엔트로피는 극도로 팽창된 상태이다. 왜 이런지 과학적 설명은 가능하지만 인간 존재론적 설명은 불가하다. 이렇게 독단적으로 주어진 세계에서 삶의 두 가지 선택 방향이 있다.

 첫 번째는 순응하는 삶이고, 두 번째는 카뮈의 말대로 반항하는 삶이다. 전자는 자연의 질서를 받아들이는 삶이다. 내가 알 수 없는 것을 굳이 알려 하지 않고, 자연스러운 자연의 흐름처럼 그저 지나가듯이 사는 삶이다. 스스로 자연이 되는 삶이다. 이는 불가지의 세계에서 평온을 찾는다. 그러나 이것도 선택인 이유는 인간을 제외한 동물은 이조차 선택한 것이 아니기 때문이다. 그런 점에서 동물은 자연 그 자체라고 말할 수 있을 것 같다. 그래서 동물은 그저 존재하지만, 인간은 실존하는 것이다.

후자는 의심하는 삶이다. 부조리의 세계와 격렬한 전투를 벌이는 삶이다. 세계에 따져 물으며 절대 순응하지 않는다. 때론 역행하며 생을 걸어 투쟁한다. 카뮈가 추구한 반항하는 인간은 그렇게 탄생한다. 나 역시 후자의 삶을 택했다. 모든 것을 의심하고 모든 가치를 의심한다. 나를 둘러싼 세계가 당연하다 해도 내 생을 그에 맞춰 춤춰줄 마음 같은 건 없다. 세계 역시 나한테 맞춰준 바 없기 때문이다.

후설은 당연한 것에 괄호를 쳐놓고 판단중지^{epoche}[59]를 해야 현상 그 자체를 볼 수 있다고 말한다. 나는 그곳에 인류가 쌓아온 모든 문명, 종교, 도덕, 정치, 문화, 사상, 과학뿐 아니라 나에게 그리하라는 모든 전통적 가르침, 미디어의 속삭임, 그 모든 것을 넣어보기로 했다. "네가 뭔데?"라고 말한다면 "그럼 너는 뭔데?"라고 반문하며 살 것이다.

그렇게 모두를 넣고 의심해 보기로 했다. 그 무엇이든 이해되지 않는 것에 "예스"라고 하지 않겠다. 그렇게 당연히 배워왔던 것들에 '괄호'를 치기 시작했다. 의심 끝에 이해되

---

[59] 인간이 기존에 가지고 있던 전제나 가치 등에 '괄호 치기' 하고 판단을 중지한 상태로 대상이 의식에 어떻게 나타나는지를 있는 그대로 바라보는 후설 현상학의 근본 개념.

는 것만을 받아들이기로 했다. 나의 존재는 비록 선택해서 태어나지 못했지만, 죽음 앞에 이를 때까지 스스로 나의 사유를 무시하지 않고 존중하며 선택하는 삶을 살기로 했다.

세계에 끝까지 캐물으며 살 것이다. 이것이 나의 철학적 방향성이고 나의 코기토^{Cogito}이며 나의 반항이며 세계의 부조리를 향한 나의 조롱이기도 하다. 우리가 거대한 세계와 싸워서 이길 수 있는 유일한 방법은 자기 자신을 존중하는 길 외에는 없다.

오, 나의 영혼아
불멸의 삶을 갈망하지 말고, 가능한 영역을 다 살려고 노력하라.
- 핀다로스

『시지프 신화』는 이 문장으로 시작한다. 이제 이 장의 결론을 말하려 한다. 타고난 환경은 그 자체로 부조리하다. 이는 나의 선택이 배제되어 있기 때문이다. 나의 출생도, 나의 가난도, 나의 환경도 내가 선택한 것이 아니다. 강함과 약함은 건널 수 없는 운명의 바다와 같다. 이는 실존적 인간에게 이 무심한 우주가 그냥 던져놓은 것이다. 우리는 이 세계를 벗어나 살아갈 수 없다.

하이데거 말대로 인간은 존재론적으로 세계-내-존재이다. 문제는 이 세계 속에 온갖 부조리가 가득하다는 것이다.

폭력, 빈곤, 전쟁의 화마 속에 죽어가는 어린 아동들은 그런 세계를 선택한 적 없다. 세계는 이렇듯 강제적으로 의식적 인간에게 주어진다. 바로 야스퍼스가 말한 상황-내-존재이다. 이 상황은 어떨 때는 인간의 삶을 극단으로 밀어붙여 '한계 상황'에 도달하게 한다. 늘 독약을 품고 나치 치하를 보냈던 야스퍼스의 삶도 그랬다. 이 질문은 '본인이 선택하지 않은 삶을 어떻게 살 것인가?'라는 철학적 질문을 우리에게 던진다.

카뮈는 이 질문에 답하기 위해 삶의 '부조리'와 '자살'의 문제를 깊게 파고들었다. 유일한 철학적 문제는 '자살'이라는 그의 언명은 이미 키에르케고르, 쇼펜하우어, 니체가 질문했던 부조리를 더욱 명확하게 철학사의 테이블에 올려놓았다. 키에르케고르는 종교를 이야기했고, 쇼펜하우어는 회의를 이야기했고, 니체는 초인이 되라 했다. 카뮈의 해답은 바로 반항이다. 무엇에 대한 반항이란 말인가?

세계는 부조리하다. 그것은 내가 바꿀 수 없다. 그러나 그 세계를 대하는 나의 태도는 내가 결정할 수 있다. 살아가든지 말든지 말이다. 여기서 삶을 포기하는 선택은 그 부조리에 굴복하는 것이다. 부조리가 원하는 것이기 때문이다. 그러므로 주어진 삶을, 가능한 삶을 모두 살아내야 한다. 끝까지 살아내는 실존, 이것이 반항이다.

비록 우리의 삶이 영원에 도달하지 못할지라도, 한순간 피는 꽃이더라도, 나를 둘러싼 세계가 진흙밭이라도, 혹은 니체의 언명대로 세상이 영원히 반복되는 고통, '영원회귀' 속 세상이라도, 그것을 살아내는 것이 나의 실존이 세계와 대결하는 방법이다. 그 숨겨진 의미가 시지프 신화 속에 있다.

  형벌을 내린 이가 가장 분노할 때는 언제인가? 형벌을 받은 이가 그것을 이겨내고 아무렇지 않게 살아갈 때이다. 그러니 당신도 가능한 모든 삶을 끝까지 살아내 당신에게 주어진 부조리의 세계를 패배시켜라.

3장 상보적 존재

아름답게 여울지는 윤슬도 태양 없이는 불가능하다.
태양과 달이 없다면 밤에도 낮에도 적막한 절벽뿐이다.
태양을 품은 윤슬처럼 세상 모든 것은 서로를 머금으며
존재한다.
빛나지 않는다면 빛날 일이 없다.
하늘은 바다를 담고 바다는 하늘을 담는다.
서로를 마주하고 서로의 색을 끌어낸다.
서로가 없다면 어둠뿐이다.
서로가 서로에게 거울이기 때문이다.
그러므로 사랑이란 비추는 것이다.
나의 빛으로 그대의 얼굴을 밝히는 것이다.

관계 물리학
우주는 관계이다

19세기 최고의 수학자, 철학자, 물리학자인 에른스트 마흐 Ernst Mach, 1838-1916는 어느 날 산책을 하다가, 문득 이 세계의 모든 것이 하나로 연결된 감각질로 느껴졌다[60]고 한다. 그는 이런 자신의 영감을 그냥 지나치지 않았다. 단순히 철학적 사유로만 끝내려 하지 않았다. 과학자답게 물리학적으로 증명하고 싶었다.

그렇게 그는 실험 끝에, 세계의 모든 물체의 가속과 관성은 독자적으로는 확정적이지 않다는 것을 발견했다. 다른 물질들과의 관계 속에서만 상대적으로 드러날 뿐이다. 그간 인간이 이것을 절대 개념으로 포착했기에 우주의 현상을 전부 해명하지 못한 것이다. 이는 절대 시간, 절대 공간을 바탕으로 생각하는 버릇, 즉 절대 기준점을 세워놓고 거기서부터 탑을 쌓아 올리는 인간 사고방식이 주는 착시였다. 이것이 마흐가 발견한 과학적 진리다.

---

60 리하르트 다비트 프레히트, 『너 자신이 되어라』, 박종대 옮김, 열린책들, 2024, 전자책, p.456.

이러한 마흐의 사유는 뉴턴Isaac Newton, 1643-1727의 고전 물리학을 다시 검토하는 계기가 되었다. 마흐는 이론적으로 더 확정적으로 들어가고 싶었지만, 그 일은 그의 몫이 아니었다. 대신 이 아이디어는 또 다른 위대한 물리학자에게 전달된다. 바로 알버트 아인슈타인이다. 그는 '마흐 원칙'이라 불리는 '물질의 상대성'을 이론적으로 완벽하게 증명해 낸다. 그것이 우리가 알고 있는 '일반 상대성 이론'이다.

다시 마흐의 초기 사유로 돌아가자. 마흐는 산책길에서 모든 것이 하나라는 영감을 받았다. 하늘, 땅, 물, 식물, 거리를 지나치는 작은 동물, 그리고 가장 중요한 것은 이것을 현재 보고 있는 나라는 존재. 이 모든 것이 하나이며, 분리되어 있지 않다. 그리고 그 모든 것들은 서로에게 영향을 주며 동시적으로 존재한다. 놀랍게도 마흐는 이것이 바로 '자아'라고 이야기한다. 즉, 마흐에게 '자아'란 독자적 존재가 아니다. 모든 세계가 나라는 관찰자에게 '경험되는 총체'이다. 우리가 '나'라고 부르는 것은 어떤 절대적 운동 위치에 있는 것이 아닌, 전체 속의 움직이는 부분이다.

나는 이와 같은 마흐의 사유가 삶을 살아가는 윤리적 태도에도 매우 중요한 힌트를 준다고 생각한다. 세계를 해하는 것은 곧 나를 해하는 것이 되기 때문이다. 타인을 도와주고 자연을 지키며, 동식물과 이 세상에 존재하는 모든 것들을 품는 활동은 결국 나의 자아를 지키는 활동이다. 세계를 돕는 자가 스스로 돕는 자인 것이다.

이런 현대 물리학을 다르게 표현하면 관계 물리학이라 말할 수 있다. 고전 물리학은 절대 공간과 절대 시간을 믿었다. 그러나 아인슈타인이 모든 것은 상대적 관찰자의 위치에 따라 달라지는 것임을 입증했다. 이것을 철학적으로 해석하면 세계는 '관계된 세계'이다.

 이탈리아 물리학자 카를로 로벨리Carlo Rovelli, 1956-는 그래서 세계의 본질은 '공명'共鳴이라 규정한다. 세계는 물리적인 단일한 실체들의 집합이 아니라, 모두가 상보적인 '네트워크'(관계)다. 이것의 본질을 표현할 수 있는 질적 단어가 '공명'이다. 우리가 보는 모든 것은 공명된 것을 보는 것이다. "그냥 사물이기만 한 것은 존재하지 않는다."[61]라는 그의 말이 핵심이다. 보이는 것, 듣는 것, 만나는 것은 나와 세상의 공명이지, 그것이 따로 존재하는 것이 아니다. 그러므로 그것을 서로 떼어놓고 존재를 규정할 수 없다.

 아이작 뉴턴에게 중력은 물체가 물체를 끌어당기는 힘이었다. 그러나 아인슈타인에게 중력은 물체와 물체 간의 기하학적 경로이다. 지구가 태양 주위를 도는 건 뉴턴에게는 힘이었지만, 아인슈타인에게는 '시공간의 곡률'이다. 이것을 철학적으로 바라보면 뉴턴에게는 존재의 독자적 에너지가 작용하는 반면, 아인슈타인에게는 존재 전체의 상호 관계가 작용하는 것이다. 그래서 뉴턴의 우주는 언제

61　카를로 로벨리, 『무엇도 홀로 존재하지 않는다』, 김성훈 옮김, 샘앤파커스, 2025, p.39.

나 변함없는 절대 공간과 절대 시간이 있는 표준형이지만, 아인슈타인에게 우주는 상대적 시공이 흐르는 관계형이다.

특정하게 절대적으로 공간과 시간 속에 불변하게 있는 존재는 없다. 물리 세계에서 절대 존재를 상상하는 것은 착시이다. 그저 우리 의식의 시간 속에서는 늘어짐으로 인한 착각일 뿐이다. 바다를 보면 바다는 단 한 순간도 고정되어 있지 않다. 바다를 찍은 필름을 -100배 저속으로 볼 때, 마치 멈추어진 절대적인 것으로 보이는 것과 같다.

이것은 크기의 문제이다. 너무나 큰 우주에 비해 인간이 너무 한없이 작아 모든 것이 고정되어 보인다. 우리 안의 아주 작은 미생물도 자신이 사는 세계(인간)가 매일 움직인다는 것을 인지하지 못할 것이다. 우리에게 모든 것이 같은 속도와 같은 시간으로 보이는 까닭은 우리가 모두 지구에 사는 관찰자이기 때문이다.

사람들이 상대성 이론에서 많이 오해하는 게 '시공간'이라는 단어이다. 이것을 시간과 공간$_{time\ and\ space}$을 합쳐 부르는 것으로 알고 있는 사람들이 종종 있다. 그러나 이것은 영어로 표현하면 'Space Time'으로 '공간의 시간'을 의미한다. 아인슈타인이 이룬 가장 위대한 발견이다. 즉 공간은 각자 고유 시간을 갖는다. 지구의 한반도라는 공간에 사는 내게 주어진 시간과 안드로메다 먼치킨 행성의 공간에 사는 뿌요

뿌요에게 주어진 시간은 다르다는 말이다. 이것을 수학자이자 철학자인 버트런드 러셀은 고유 물체의 고유 시간[62]이라고 말한다.

우리 역시 미세한 차이로 각자의 시간 속에 있다. 그것을 느낄 수 없을 정도로 극미할 뿐이다. 우주적 크기에서 같은 점에 모여 있는 것과 같기 때문이다. 다만 인간은 우주적 크기에서 상상할 수 있다.

그렇게 관조하면 세계는 역동하게 매 순간 움직이는 세계이다. 이 움직임은 끊임없는 화학작용이다. 각 개체의 시간과 공간에 따라 다르게 관찰되는 창조의 공간이다. 그것을 우리는 현상이라고 한다. 그래서 모든 것이 같은 방식으로 드러나는 듯 보여도, 관계에 따라 사실 다른 방식으로 드러나고 있다. 즉 관계가 그 순간 우주의 모든 것을 만든다.

정해져 있는 세계는 없다. 그러니 좌절 금지다. 오늘 나의 공간과 시간을 담은 나의 위치가 나의 의지가 나의 세계를 만든다. 그 세계는 오늘 이 순간 내가 무엇을 만나고 무엇과 관계하느냐에 따라 변화한다.

영화 〈비포 선라이즈〉에서 여주인공 줄리 델피 *Julie Delpy, 1969-* 는 이런 대사를 한다. "신은 내 안에, 당신 안에 있는 것이 아니라 당신과 나의 관계 안에 있어."

---

[62] 버트런드 러셀, 『상대성이론 ABC』, 권혁 옮김, 돋을새김, 2024, p.83.

창백하고 푸른 점
우열은 없다 차이만 있을 뿐

현대 구조주의 철학자이자 인류학자인 클로드 레비스트로스*Claude Levi Straus, 1908-2009*는 뉴기니의 원주민을 연구하다 이상한 현상을 발견한다. 그들에게 축구를 가르쳤더니, 어느 한 쪽이 계속 이기는 상황에서는 계속 경기를 진행한다는 점이었다. 결국 승부의 균형이 이루어졌을 때야 경기를 중단했다고 한다.

그들에게는 승리자를 만드는 것보다 구성원 중에서 패배자가 나오지 않는 게 더욱 중요했기 때문이다. 현대인은 가끔 원시문명을 깔보는데 '근거 없는 자신감'일 뿐이다. 과학 기술의 발달이 그 사회의 문화와 도덕성을 증명하지는 않는다. 오히려 그들에게는 승자 독식의 현대 사회야말로 참으로 야만적이라 느껴질 것이다.

레비스트로스는 원시부족 탐구 보고서 『슬픈 열대』를 통해 문명과 야만의 우열이 없음을 규명했다. 차이만이 있을 뿐이다. 인류학자 재레드 다이아몬드*Jared Diamond, 1937-*는 그의 저서 『총, 균, 쇠』에서 문명과 야만은 그 지리학적 생태에 따라 나뉜 매우 우연적인 사건임을 주장했다.

브라질 밀림에는 아직도 문명과 접촉하지 않은 원시부족이 있다. 이들을 찾아가 고급 자동차를 줄 테니 오늘 채집한 과일 바구니와 바꾸자고 한다면, 당신은 아마도 화살을 피해 도망쳐야 할지도 모른다. 차라리 당신의 옷을 죄다 벗겨 갈 수도 있다. 그들의 상황에서 고급 자동차는 쓸모없는 물건이기 때문이다. 그래서 야스퍼스는 인간의 존재 양식을 '상황 속 존재'로 본 것이다.

이것을 현대적 용어로 '상황 프레임'*situation frame*이라 부른다. 어떤 상황 프레임에 있느냐에 따라 삶의 가치관이 바뀐다. 그러나 이런 상황에 우열이 존재하지는 않는다. 절대적 가치가 아니란 의미다. 일찍이 과학기술이 많이 발전했다고 그 사회가 더 행복하거나 가치 있는 것이 아니기 때문이다. 살인율 0인 브라질의 원시부족 '조에족'*Zo'é people*[63]은 부족원끼리 분쟁이 일어나면 '서로 간지럽히기'라는 형벌을 내린다. 나는 이보다 더 지혜로운 방법을 가진 나라를 어느 곳에서도 본 적이 없다.

대부분 욕망도 그 사회가 주는 상황에서 온다. 결국 우리는 그 상황에 목숨 걸고 있다. 그러나 조금만 달리 생각하면 어떤 사회에서 그것은 아무런 가치가 없고 무용한 것이다. 조에족은 아마도 아파트를 마련하기 위해 과일 적금 같은

---

[63] 브라질 북부 파라주, 아마존강 유역 밀림 지역에 거주하는 300명 내의 소부족으로 1980년대에 처음 문명 세계와 접촉이 이루어졌다.

건 붓지 않을 것이다.

모든 욕망은 상대적 상황이 빚어낸다. 절대적 가치가 없는 것에 굳이 목숨 거는 삶을 살아야 할 이유 같은 건 없다. 사회가 주는 잣대란 결국 상황 속 한계에 갇혀 있는 연약한 것이다. 지도 한 발자국만 넘어가도, 한 세기만 지나도 무용하고 헐거운 것일 수 있다.

내게도 그랬다. 10대 시절 전부였던 세계는 20대 때 깨졌고, 20대 때 믿었던 세계는 30대 때 부서졌다. 또 40대에는 30대의 나를 반박한다. 인생은 오직 시간의 시선을 통해서만 얻을 수 있는 게 있다. 이는 마치 땅에서 지층으로, 대기권에서 우주로 솟으며 장면이 바뀌는 것과도 같다. 그것은 나에게 모든 것이었던 어떤 세계가 작은 풍경이 되는 경험이다.

세계를 넓게 사유하면 내가 살고 있는 상황은 그저 점 하나에 불과하다. 대체 그것이 뭐라고 인간은 오늘도 한낱 상황 속 우열 경쟁에 자기 착취를 하고, 타인의 머리 위에 서려 하는가? 대체 무엇이 그토록 자랑스러운가? 물리학자 칼 세이건*Carl Edward Sagan, 1934-1996*이 우주에서 찍은 지구의 사진을 바라보며 느꼈던 부끄러움이 이것이다. 이 작은 지구별을 살아가는 데 당연한 우열 따위는 애초에 존재하지 않았다.

그런 점에서 우리 사회는 지나친 이항 대립적 사고에서 벗어날 필요가 있다. 옳고 그름, 선과 악, 성실과 게으름, 남자와 여자, 이런 대립적 사고에서 중간 지대는 마치 없는 것처럼 취급된다. 이런 것을 좀 깨보자고 시작된 것이 포스트

모더니즘_Post-modernism_ 철학이다. 옳지도 그르지도 않고, 선은 아니지만 딱히 악도 아니며, 선한 게으름도 있지만 악한 성실함도 있고, 남자도 여자도 있지만 제3의 성정체성도 있는, 이런 인간 실존의 다양한 양태를 살펴보자는 생각이다. 그러나 사회는 모든 걸 이항 범주로 간단히 분류해 버린다. 이것이 전체주의적 사고의 시작이다.

그래서 우리는 먼저 이항 대립적 사고에서 벗어날 필요가 있다. 이 벗어남을 자크 데리다_Jacques Derrida, 1930~2004_는 '탈구축,'[64]이라 했고, 질 들뢰즈_Gilles Deleuze, 1925-1995_는 '리좀적 사고'[65]라고 했다. 어떤 이상향 즉 이데아가 아니라 '인간의 차이' 그 자체에서 출발하자는 이야기다.

아리스토텔레스는 모든 사물은 현실태와 가능태라는 이중 속성이 있다고 보았다. 가령 구름은 '구름'이라는 기체의 현실태이면서 '비'라는 액체의 가능태이다. 인간 역시 마찬가지다. 지금의 나는 나라는 현실태이면서 미래의 내가 바라는 어떤 것의 가능태이다. 이것을 인간은 꿈, 비전, 이상이라는 이름으로 부른다.

그러나 현실태와 가능태 사이엔 무한의 딜레마가 순환의 꼬리를 물고 있다. 가능태를 이룬 순간 현실태로 미끄러져 내

---

64 기존의 수직적 질서를 해체해 고유의 가치를 재발견해 나가는 자크 데리다의 탈질서적 철학.

65 식물의 뿌리가 수평적으로 다양한 방향으로 뻗어나가듯, 비중심화를 다양한 관점을 추구하는 질 들뢰즈의 중심 이론.

려간다. 이것은 결코 우아한 경험이 아닌 불쾌함에 가깝다. 순간 위대했던 정신은 다시 고루함과 권태를 만나 당혹스러워진다. 결국 비의 꿈은 구름이고, 구름의 꿈은 비인 것과 마찬가지다.

그렇게 우리는 다시 새로운 가능태를 꿈꾸며 발버둥친다. 영원히 이루지 못할 무한으로 신축되는 도로의 연장이다. 결국 용기란 궤도 이탈이다. 달리던 트랙을 벗어나 관중석에 앉아 도로 전체를 바라보는 것이다. 무한히 이어진 도로에서 필연적으로 발생하는 여러 충돌을 보는 것이다.

그때야 그저 생존 의지임을 알게 된다. 아무도 날 보지 않지만, 내가 이곳을 보고 있다. 이로써 영웅주의의 환각을 벗어난 삶의 실존성을 획득한다. 이런 확정적 정체성의 의문을 제기하며 새로운 인식론적 방향을 보여준 이가 로베르트 무질_{Robert Musil, 1880~1942}일 것이다. 그는 자신의 걸작 소설 『특성 없는 남자』를 통해 이념, 국가주의, 틀 짓기를 넘어서는 진정한 '가능성의 감각'을 보여준다.

"역겨움과 열악함의 도가니는 순식간에 새로운 역겨움과 열악함으로 채워지기 때문이다. 마치 세상의 한쪽 다리가 앞으로 나아가면, 다른 쪽 다리는 즉시 뒤로 빠지는 것처럼 말이다. 인간은 그 원인과 비밀스러운 메커니즘을 반드시 깨달아야 한다."[66]

---

66   로베르트 무질, 『특성 없는 남자 1』, 박종대 옮김, 문학동네, 2023, p.39.

때로 선형적 서사는 과잉된 감정을 만들어내고, 있는 그대로를 바라보는 상호적 관조가 진실한 사고를 가져다준다. 이것은 모든 만물과 충돌, 현상의 평등성을 깨닫는 것이다. 이것을 아마도 이미 가능한 현실태라 부를 수 있을 것이다.

공동 존재
서로 함께 숨을 쉰다

"독립된 물질적 입자들이란 추상물로서 그들의 속성은 다른 체계들과의 상호작용을 통해서만 정의될 수 있고 관찰될 수 있다."[67] 닐스 보어의 말이다. 세계의 총체는 '복잡한 상호 보완성'이다. 우리가 보는 물리 세계는 연합된 구조이지 단독자 그 자체는 아니다. 세상의 모든 사물과 존재는 창조될 때 '상보적 현상'으로 나타난다. 나란 존재 역시 마찬가지인데, 나의 창조는 나의 어머니와 아버지의 상보성이다. 나의 아이 역시 나와 아내의 상보성이다. 이런 만남에서 새로운 것이 탄생하고 창조가 이루어진다.

상보적 사유를 확장하면 결국 세계의 모든 것들은 연결된 고리일 것이다. 메타적으로 매우 거시적 사유로 나아가면 이 세계의 총체는 '하나'이다. 이런 사색은 오랫동안 동양의 현자들이 이야기했던 '일자'의 원리와도 같다. 만물은 통일된 것이다. 노자가 자연의 원리대로 살아가는 것을 최고의

---

[67] 프리초프 카프라, 『현대 물리학과 동양사상』, 김용정·이성범 옮김, 범양사, 2006, p.184.

삶이라 설파한 이유도 이와 같다. 모든 물성 안에는 내가 있고 내 안에 우주가 담겨 있다. 세계를 해한다는 것은 곧 나를 해함을 의미하며, 타인을 구원하는 것은 곧 나를 구원함을 의미한다.

그래서 약자를 보호하는 것은 궁극적으로 공동체를 강하게 만드는 에너지가 된다. 원시사회 호모 사피엔스가 다른 인간종들을 누르고 지구상에 유일한 승자로 남았던 이유는 다른 종들에 비해 협력과 연대의식이 월등히 뛰어났기 때문이다.

자료에 따르면 실제 네르탈인*Homo neanderthalensis*[68]의 개인 능력치는 호모 사피엔스보다 뛰어났다고 하며, 신체 능력도 좋았고 사냥 능력도 사피엔스를 앞섰다. 그러나 그들은 멸종했고, 사피엔스는 살아남았다.

여기에 여러 학설이 있지만, 무엇보다 그들은 공동체를 운영하는 능력에서 호모 사피엔스보다 뒤처졌다. 사피엔스들은 전쟁 중 다친 이들이 있으면 그들을 버리지 않고 치료했으며, 남아 있는 부족의 여성과 노인들을 위해 사냥한 음식을 나누고 아이들을 공동 양육했다.

이렇게 보호받은 약자가 결국 미래의 뛰어난 사냥꾼이 되고, 사냥 능력이 떨어지는 이들은 집을 짓고 음식을 손질하며 다양한 분업과 협력 체계가 이루어졌다. 즉, 개인 능력치

---

68 40만 년 전~4만 년 유럽 및 중앙아시아에 분포해 살고 있던 것으로 추정. 호모 사피엔스의 친척 관계로 알려져 있다.

가 떨어지는 이들이 다른 것을 발달시킨 것이다.

또 하나의 이점은 공생 방식이 하나의 보험 전략이라는 점이다. 내가 병들고 힘이 없을 때 나도 똑같이 보호받을 수 있다는 '기대 심리'에 기인한다. 생물학에서는 이를 '호혜적 이타주의'*Reciprocal Altruism*[69]라고 말한다.

농경 발달도 사피엔스의 공생 방식이 영향을 주었다. 농경사회는 문명의 초기 단계가 됐다. 인류 역사를 장기적 관점에서 봤을 때 사피엔스의 승리는 뒤처진 이들을 보호하는 전략으로 개체를 늘린 것이다. 인간도 초기에 다른 종에 비해 약자였고, 그것을 약자 협력 전략으로 극복하였다. 개인적 결함을 개체 간 협력으로 상호 보완을 한 것이다. 이것은 다른 종에서 쉽게 발견되지 않는 사피엔스의 위대함이다.

사실 이는 자연 선택에 역행하는 전략이다. 그러나 다양한 DNA(유전적 재능)를 보유한 개체를 번성시킨다는 점에서 강력한 이점이 있었고, '공동 지능'이라는 인간 특유의 강점을 살리는 핵심이 됐다. 바로 '문화'라는 것이다.

그러므로 소수가 독점하는 사회는 반드시 망한다. 공동 지능이 발달할 수 없기 때문이다. 인간이 왜 뒤떨어지는 개체들을 보호했는지 인간 특유의 동정심과 연민은 어디에서

---

[69] 개체가 다른 개체를 돕는 이유는 장기적으로 되돌려받을 것을 기대하는 심리에 근원한다는 진화 생물학 이론. 대표적인 사례로 흡혈박쥐가 있는데, 밤에 사냥에 실패한 박쥐는 성공한 박쥐에게 피를 얻어먹는다. 도움받은 박쥐는 이후 도움을 준 박쥐가 사냥에 실패하면 똑같이 피를 나누어 준다.

기인하는지 그 근원을 살펴보면, 결국 이타적인 것이 이기적인 생존으로 연결되는 강력한 루트였기 때문이다. 그것이 집단을 건설하는 에너지가 됐다. 집단 에너지는 다른 종들이 발달시키지 못한 엄청난 능력이었고, 여기에서 복잡한 언어 구조(소통 기술)가 탄생한다. 언어의 탄생으로 인간은 다른 종에는 없는 복잡한 고도의 지능을 발달시킬 수 있었다.

그래서 실용주의 철학자 찰스 샌더스 퍼스Charles Sanders Peirce, 1839-1914는 인간 진화의 비밀을 '사랑의 의지'로 보았다. 쇼펜하우어는 '욕망의 의지'를, 니체는 '힘에의 의지'를, 베르그송은 '생의 의지'를 진화의 원동력이라 생각했지만, 퍼스가 보기에 진화를 촉진하는 것은 바로 서로가 서로를 품는 '사랑의 의지'Agapism[70]였다. 그런 점에서 고등 언어의 발달은 결국 다양한 개체를 사랑하려는 진화의 결과다. 모든 개체와 함께 가려는 노력이 강한 문명을 건설하였다. 인간다움이란 결국 공동생존, 즉 '돌봄'과 '협력'에 있다.

하이데거는 『존재와 시간』에서 세계의 본질을 '도구성'에서 찾았다. 모든 것이 서로를 도구 삼아 존재한다는 것이다. 자연의 모든 것이 무엇인가에 의지하여 발생하고 또 무엇인가를 책임져 발생시킨다. 그것으로 자연의 순환과 질서가 유지된다.

---

70 퍼스는 우주 진화의 원리를 3가지로 보았다. 1) 우연성과 가능성의 원리 타이키즘(Tychism), 2) 필연적으로 일어나는 자연 법칙 아난카즘(Anancasm), 3) 사랑의 발전을 통한 창조적 진화 아가피즘(Agapism).

세계에 온전히 홀로 존재하는 것은 그 어떤 것도 없다. 공기가 존재하지 않는다면 인간은 존재할 수 없다. 물이 존재하지 않는다면 역시 존재할 수 없다. 식물이 존재하지 않으면 동물이 존재할 수 없고, 동물의 거름이 존재하지 않는다면 수많은 생명체가 역시 존재할 수 없다. 즉 모든 자연은 함께 동시적으로 존재한다. 이것을 하이데거의 어법으로 말하면 '공동 존재'이다. 그러므로 세계 안에는 '어떤 것이 존재하는 것이 아니라 모든 것이 존재한다.'라고 정의할 수 있다.

현존하는 모든 존재가 서로의 '도구성'에 의지하고 있다. 그렇게 산과 숲은 동식물의 터전을 만들고, 나무는 산소를 뿜어내 생명을 유지하게 하고, 물은 신비로운 창조를 이루어내어 메마른 대지를 적신다. 오늘 이 시간 나의 존재도 이 자연세계의 무한한 따듯함을 입어 '생'이라는 한날을 보낸다. 서로가 서로를 끌어안아 '생'이라는 신비가 열린 것이다. 스피노자가 '자연'을 '신성'으로 본 이유이다.

인간은 자연뿐 아니라 같은 인간을 도구 삼아 존재한다. 내가 오늘 먹고 마시는 모든 것이 나의 노력이라 생각하지만, 나는 오늘 아침에 먹은 커피와 고구마 하나도 스스로 재배하지 않았다. 나는 어젯밤에도 안전한 거처에서 생존했는데, 누가 이곳에 뼈대를 세우고 벽과 바닥을 만들었는지는 모른다. 누군가의 '노동'이었음은 분명하다. 나는 종종 맛있는 밥과 술 한잔을 마시고 기분 좋게 잠드는데, 이 역시 누가 그 재료를 만들고 술을 빚었는지는 모른다. 확실한 건 누군가의 노력이다.

매일 밤 퇴근할 때면 따뜻한 물에 샤워할 생각에 행복하다. 피곤한 밤에 차가운 물에 씻지 않아도 된다는 것 역시 누군가의 움직임으로 가능하다. (그런데 가끔 보일러가 작동하지 않는다.) 그러므로 인간의 존재 방식은 기여하고 의지하면서 서로의 삶을 지탱한다. 그 연결이 바로 '생'이다. '분업'이라는 경제학적 정의가 있기 전에 '존재의 공동성' 혹은 '존재의 동시성'이라는 철학적 정의가 있는 것이다. 그러므로 우리의 삶은 결코 버려질 수 없다. 오늘도 나의 작은 생명을 유지할 수 있게 우주의 모든 것이 작동하고 있기 때문이다.

그러므로 움직임은 모두가 동시에 존재하게 만드는 가장 핵심적인 가치가 된다. 오늘도 이름 모를 누군가의 움직임에 내 생존이 걸려 있고, 나의 움직임에 이름 모를 누군가의 생존도 걸려 있다. 세계는 그렇게 나를 움직여 서로를 위해 존재한다. 내 생을 의탁하고 있는 모든 사람에게 감사해야 하는 이유다.

그러나 우리는 어떤가? 우리가 생을 의탁하는 다양한 존재를 어떻게 대우하고 있는가? 얼마 전 사회에서 고립된 청년이 54만 명이라는 기사를 봤다. 그런데 댓글 모두가 "배들이 불러 그렇다.", "공장에는 사람이 없어 죽을 지경이다.", "자기들이 게으른 것이다."라는 식이다. 씁쓸하지만, 그런 소리를 하려면 우리 사회가 먼저 육체노동자와 3D*Difficult, Dirty, Dangerous* 직업 종사자를 어떻게 대우하는지부터 들여다봐야 한다.

불행하게도 한국은 10%의 아이들을 위해 90%의 아이들을 들러리 세우는 무지막지한 교육 정책을 실시하고 있는 나라다. 즉, 우리 사회는 좀 격하게 이야기해서 10%의 성공한 엘리트를 키워내기 위해 90%의 패배자를 만드는 교육을 하고 있다. 10%의 반 1등, 전교 1등, 스카이나 인서울 스펙을 만들어 주기 위해 그 뒤 아이들이 필요하지는 않았을까? 그들이 없으면 석차도 없을 테니까? 반에 한 명만 있다면 1등이 무슨 소용일까?

'너무 지나친 생각이 아닌가?' 하는 의문이 든다면, 우리가 상위권 성적이 아닌 하위권 성적 아이들을 어떻게 대하고 관리하는지 돌아보자. 학교에서 사회에서도, 그들에게 관심과 사랑을 주는 이들이 얼마나 있는지 생각해 보자. 그들은 들러리가 아니며, 그들 역시 우리의 미래다.

북유럽의 교육 정책이 하위권 아이들의 수준을 끌어올리는 데 초점을 맞추고 있는 것은 잘 알려진 사실이다. 북유럽 아이들에게 희망 직업을 조사하면 원예사가 항상 상위권에 오른다. 왜 그럴까? 사회가 그것을 좋게 가르치기 때문이다. 우리 교육은 의사, 판검사, 대기업, 공기업, 공무원의 순위를 매긴 다음, 이것을 대학 순위와 매칭하는 아주 친절한 행동을 매일매일 하고 있으며, 이 기준으로 진학 상담을 한다.

이런 사고방식은 우리 아이들에게 무의식중에 젖어들어, 사회에 나왔을 때 해당 직업 중 하나를 갖지 못하면 패배감을 느끼도록 설계해 놓았다.

어떤 직업을 가졌을 때, 그 직업에 자부심과 보람을 느끼도록 해주어야 한다. 사회의 모든 직업은 나름대로 역할이 있고, 공동체를 버티게 하는 귀한 일자리다. 매일 점심시간 식당에서 밥을 먹으면서도 내 자녀가 식당 노동자가 되는 것은 원치 않으며, 배관공이 없으면 집에 똥물이 넘쳐날 것을 알면서도 내 자녀가 '배관공'이 되는 건 싫고, 매일 배달앱으로 음식을 주문하지만 내 자녀가 배달 노동자가 되는 건 싫고, 남의 자녀는 또 그 일 안 한다고 게으르다고 비난하는 것은 참으로 모순되지 않는가.

이런 모순이 가득 찬 세상 인식을 바꾸어야 청년들이 각자의 재능을 살려 적절한 직업을 찾고 사회에서 충실히 일할 것 아닌가? 사회에 나와서 어떤 직업이든 필요한 일에 종사하는 사람이 진짜 성공한 사람이라는 생각이 들게 교육해야 할 것 아닌가? 학교, 사회, 미디어가 매일 목소리 높여 외치는 10% 성공담론을 바꾸지 않는 한, 대한민국에서 90%의 청년은 소멸 위기를 벗어날 수 없을 것이다.

나의 산책 코스 거리는 7km 정도 된다. 길을 걷다 보면 중간쯤 생뚱맞은 곳에 벤치가 하나 덩그러니 놓여 있다. 왜 저곳에 벤치를 설치했을까? 의문을 품게 된다. 아직까지 거기에 앉는 사람을 보지 못했다.

그런데 생각해 보니 이 벤치가 큰 역할을 하고 있었다. 걷다가 힘들어서 돌아가고 싶은 충동이 느껴질 때 이 녀석이 보인다. 조금만 더 가면 앉아서 쉴 수 있다는 생각에 계속 걷게 된다. 막상 벤치에 다다르면, 가까이에 공원이 있기에 그냥 지나치지만 말이다.

성공 강박 사회, 최대한 많은 것을 하고 최대한 많은 성과를 내야만 박수받는 사회에서는 작은 것의 가치를 지나치기 쉽다. 그러나 단 한 사람을 위해 존재하는 것들도 있는 법이다. 공리주의Utilitarianism 속 편견에 언제나 그 하나의 가치는 무시된다. 사회는 다양한 가치가 공존할 때 위대해질 수 있다. 나는 지금도 걷다 지치면 그 벤치에 등을 기대어 쉰다.

『장자』[71]「외편」[72]에 이런 일화가 나온다. 혜시가 무용성과 유용성을 구분하자, 장자莊子, 기원전 369-286는 세상에 쓸모없는 것은 없다고 이야기하며 이런 질문을 한다.

"내가 발 딛고 있는 땅은 쓸모 있고, 그렇지 않은 땅은 쓸모없다면, 그렇지 않은 땅을 모두 없애버린 뒤 내가 발 딛고 있는 땅만 남긴다면, 그 땅에 쓸모가 생기는가?"

---

71 전국시대 도가(道家) 사상가. 노자의 사상을 계승·발전시켰으며, 비유와 역설을 통해 절대적 가치 판단을 부정하고 자연과 조화를 중시하였다.

72 장자의 사상은 내편(內篇), 외편(外篇), 잡편(雜篇)으로 구분되어 전승되고 있으며, 외편은 장자의 철학적 사상을 중심으로 하여 구체적 논쟁 위주로 정리되어 있다.

즉, 집의 쓸모는 허공[73]이 있기 때문이고, 자동차의 쓸모는 땅이 있기 때문이며, 의사의 쓸모는 환자가 있기 때문이고, 교사의 쓸모는 아직 배우지 못한 자들이 있기 때문이다. 심지어 1등도 2등이 있기에 1등일 수 있다. 그러므로 이 모든 것은 구분되어지는 것이 아니라 '쓸모 있음'을 쓸모 있게 만들어 주는 것이므로 '쓸모없음'이란 성립되지 않는다는 장자의 말은 옳다고 할 수 있다.

나는 이 시각이 교만함이란 '자기 망상'임을 보여주는 좋은 징표라고 생각한다. '부분'은 '전체'가 없으면 성립되지 않으며, '나'라는 존재는 언제나 '우리' 안에서 유용성이 생기는 법이다. 나의 높음은 관념적인 분별의 착시일 뿐이며, 사실 모든 것들과 함께 숨쉴 뿐이다.

---

73 집의 허공 비유는 『장자』 「인간세(人間世)」에 등장한다. 집의 방이 유용한 것은 벽이 아니라 그 안의 빈 공간 때문이라는 발상이다.

불행 강요 사회
부러운 인생이란 없다

비록 돈이 많지도 않고 좋은 차와 좋은 집도 없지만, 늘 감사하는 마음으로 살고 있다. 밥을 굶지 않아도 된다는 것, 편히 쉴 수 있는 나만의 공간이 있다는 것, 좋아하는 책을 실컷 볼 수 있다는 것, 시원한 아이스커피를 마실 수 있다는 것, 풀 소리 들으며 산책할 수 있다는 것, 그 와중에 머리 위로 폭탄이 날아들지 않는다는 것, 오늘도 길을 걷다 칼을 든 강도를 만나지 않았다는 것, 전 세계 인구 중 날마다 생명의 위협을 받지 않고 이러한 모든 것들을 누릴 수 있는 사람은 통계상 20%에 불과하다. 그 시공 속에 내가 태어났다는 것, 조금만 생각해 보면 행복해야 할 이유는 차고도 넘친다. 사실 행복의 가장 큰 적은 '익숙함'일 것이다.

우리 사회의 물신주의는 참으로 심각한 상태이다. 미디어에서 온라인 콘텐츠, 심지어 서점가까지 부의 화려함을 좇는 데 열광한다. 어쩌다 이 지경이 됐을까? 사실 기성세대의 욕망이 청년세대의 행동이 된다. 욕망은 어느 날 하늘에서 뚝 떨어지는 게 아니다. 스펀지처럼 시간이 지나며 천천히 스며든다. 요즘 우리 아이들은 초등학교 때부터 아파트 브랜드명을 외우는 게 현실이다. 이게 초등 세대의 탓일까? 그래서 세대론은 허구다. 그냥 그 사회가 문제인 것이다.

케임브리지대학교 경제학과 장하준 교수는 "한국 사회는 심각하게 병든 사회"라고 했는데, 그 병이 오래전부터 시작돼 현재의 모습이 되었다. 그러나 이에 대한 객관적 인식이 없는 게 문제이다. 왜 북유럽 국가 아이들의 희망 직업을 조사하면 늘 원예사가 상위권을 차지할까? 어느 나라는 60% 가까이 된다. 과학자, 생물학자도 인기 희망 직업 중 하나다.

이런 배경에는 문화 의식과 교육이 있을 것이다. 아이들의 인식은 어른의 욕망이 결정한다. 어른의 욕망은 그 시대 제도에 투영된다. 우리가 늘 복지국가를 부러워하지만, 아이들에게 지속적으로 탐욕적 문화를 심어주는 한 그런 날은 아마 오지 않을 것이다. 그런 점에서 당신의 불행감은 사실 만들어진 것이다. 자본주의 사회는 욕망이 극대화된 사회 체제로 제 정신을 찾기 힘든 욕망의 바다다. 우리는 태어날 때부터 이런 사회에 던져졌다.

현대 철학자 에리히 프롬_Erich Pinchas Fromm, 1900~1980_은 "자본주의 체제는 그것을 지탱하기 위한 집단적 협력을 하는 사람들을 언제나 필요로 한다."[74]라고 말한다. 이는 대량생산을

---

74 에리히 프롬, 『사랑의 기술』, 황문수 옮김, 문예출판사, 2022, p.126.

지속적으로 소비할 집단이 필요하다는 말이다. 여기서 협력이란 같은 욕망을 가진 사람들을 말한다. 그 욕망이 소비를 촉진하고 자본의 증대를 위해 헌신한다.

그러나 소비 욕망은 언제나 멀어져 대중들은 결코 도달할 수 없는 결핍을 만들어 낸다. 결핍은 또 다른 욕망을 끊임없이 갈구하는 것으로 반드시 자본에 의해 영원히 종속된다. 세계화가 빚어낸 긍정성의 과잉은 이런 자본주의의 의식화다. 깊은 숲으로 들어가 자급자족하는 사람들을 인터뷰하면 현대 자본주의 사회의 도시인들보다 월등히 높은 행복지수가 나온다. 그들은 직접 채집한 작은 과일에도 행복한 법을 배웠기 때문이다. 자본주의는 안타깝게도 이런 인간의 원초적 행복감을 앗아가 버렸다. "더 많이 소비하고 더 많이 빼앗아라." 이런 자본의 구호는 우리에게 엄청난 행복을 줄 것처럼 선전하지만, 이는 기계화된 물질문명을 떠받치기 위한 허상에 불과하다.

미디어는 대부분 이런 허상을 부추기기 위한 도구로 활용된다. 특정한 인물들의 화려한 면에 초점을 맞추어 대중을 자극한다. 상위 1% 재력가, 상위 1% 연예인, 상위 1% 권력자. 대중이 결코 도달할 수 없는 허상을 자극한다. 모든 것은 연기이고 연출이다. 그들이 스타인 이유도 사실 '소비사회의 상징'이기 때문이기도 하다. 여기에 무슨 꿈과 희망찬 미래가 있는가? 미디어 속 인간의 진짜 행복한 삶은 단 하나도 없다. 타인의 욕망만이 가득할 뿐이다.

앞서 부탄의 사례가 이를 말해준다. 타인의 화려한 삶을 보고 부러워하는 시선이 생겨나고, 그것이 욕망이 되어 현재의 행복을 감소시켜 버린 것이다. 인간을 절망하게 만드는 건 '비교 그 자체'이다. 현대 물질문명이 보여주는 아이러니다. 인간은 더 편리하고 행복해지기 위해 끊임없는 개발을 하지만, 그 개발로 오히려 행복감이 줄어든다. 사실 더욱 근원적인 원인이 있다. 행복을 물질적인 것, 외면적인 것으로만 비추는 미디어의 기형적인 표현 방식이 영향을 준다.

행복이란 타인의 외면이 아닌 나의 내면에 집중할 때 얻을 수 있다. 행복감이란 것 자체가 우리의 마음 안에서 발현되는 무척이나 개인적이고 개인적인 감정이기 때문이다. 그러나 자본주의는 이것을 끊어내야 성공할 수 있다. 모두가 같은 욕망, 같은 길로 가길 원할 때 자본적 가치가 상승하며, 그들이 내놓는 새로운 서비스와 상품을 팔아치울 수 있기 때문이다. 궁극적으로 자본 권력이 그런 대중의 욕망을 활용해 언제나 세상을 지배할 수 있었다.

진정 행복해지고 싶다면 그 누구도 부러워하지 않아야 하며, 그 무엇도 가지고 싶지 않아야 한다. 타인에게 있는 것이 아닌 내 안에 있는 것을 사랑할 줄 알아야 한다. 우리는 이미 이 방법을 알고 있다. 다만 불행 강요 사회에 속고 있을 뿐이다. 가수 장기하의 〈부럽지가 않아〉를 들으며 오늘 아침을 시작해 보자.

페르소나
가면을 벗어야 내가 보인다

 우리 사회는 사회적 지위와 개인의 정체성을 동일시하는 경향이 강하다. 심리학자 김정운 교수는 한국 남자들은 "명함을 반납할 때 가장 큰 불행감을 느낀다."라고 말한다. 개인적 정체성을 사회적 정체성과 평생 동일시하고 산 한국 중년 남자들의 특징이다.

 사회적 지위가 높을수록 이러한 특성이 더 강화된다. 카를 융이 말한 사회적 페르소나*Persona*[75]다. 문제는 이 지위는 언젠가 상실된다는 점이다. 지위는 영원히 소유할 수 없다. 나는 흘러 다시 자연인으로 돌아오고, 지위는 내 후배 누군가에게 넘겨주어야 한다. 이것을 못 하면 욕망과 고집이 된다.

---

75 고대 그리스어 '프로소폰(πρόσωπον)'이 어원으로, 연극 공연을 할 때 썼던 '가면'을 뜻한다. 카를 융의 심리학에서는 '외적 자아'를 나타내는 용어로 쓰인다. '내적 자아'와 대비되는 개념이다. 융은 인간의 목적은 진정한 자신만의 자아를 확립하는 데 있다고 보았다. 이를 자기 실현(self-realization)이라 한다. 이를 위해 자아의 개성화(individuation process) 과정을 거쳐야 한다. 그러나 '페르소나'가 지나치게 강하면 개성화가 어렵다.

이러한 부작용이 발생하는 이유는 사회적 정체성과 개인의 정체성을 동일시하는 문화적 배경 때문이다. 지위를 반납할 때 존재도 잃은 듯한 느낌을 받는다. 은퇴한 노년이 자기 존재성의 가치를 찾지 못하면 불행해하는 이유다.

이를 예방하기 위해 '자연적 상태의 나'란 무엇인지 고민하고, 사회적 정체성보다 개인적 정체성을 수양하기 위해 신경 써야 한다. 나는 누군가가 내 직업이 무엇이냐고 물으면 농담 삼아 "내 직업은 김대호다."라고 말하곤 한다. (다시 한번 말하지만, 아나운서 아니다. 난 혼자 살지 않는다.) 많은 이들이 웃고 말지만, 사실 진심이다. 나는 나를 실현하기 위해 태어났지, 어떤 직업을 갖기 위해 태어나지 않았다고 믿기 때문이다.

그래서 언제나 유연해지길 원한다. 물처럼 흘러가기를 원한다. 나의 존재만으로 만족하기를 원한다. 나 역시 지금껏 살아오면서 꽤 그럴듯한 경력을 가지고 있지만, 그런 것들은 표면일 뿐 나의 존재를 증명할 수 없다. 일 때문에 필요한 요구를 받을 때 이력에나 적어 보낼 문장 몇 줄일 뿐이다.

잃을 것이 많으면 비겁해진다. 사회적 페르소나가 강화되면 그것에 맞추어 연기를 하게 된다. 이것이 마치 '체면'처럼 여겨지지만, '가면'이라는 그림자도 함께 가져가야 한다. 부작용이 있다는 소리다. 내 이력에 맞추어 연기만 하다 보면 결국 그게 나인 줄 안다. 종국에는 그 정체성(이력) 이상의 사고를 못 하게 된다. 경력 감옥에 갇히게 되는 것이다.

계몽 철학자 장 자크 루소가 "자연 상태의 인간"을 교육하라고 외쳤던 이유도 이 때문일 것이다. 우리의 교육도 이러한 이유로 비판받아야 한다. 원하는 대학에 붙지 못했다고 자살하는 사회가 도대체 말이나 되는가?

내가 무엇을 하든, 때로는 그것을 완전히 벗어던지고 세계를 사유할 줄 아는 훈련을 해야 한다. 에드문트 후설은 우리가 진리를 보고자 한다면 언제나 '순수이성'으로 바라보아야 한다고 말한다. 그 어떤 사고의 편견 없이 순수 현상과 사물을 보이는 그대로 인지할 수 있는 능력이다.

그러나 이런 능력을 발휘하는 사람은 극히 드물다. 용기가 필요하기 때문이다. 그 용기는 때로 자신의 삶에 대한 '자기부정'이 될 수도 있기 때문이다. 러셀이 "두려움을 극복하는 것이 지혜의 시작"이라 말한 이유다.

우리는 때론 두렵다. 내가 이런 말을 하고 이러저러한 주장을 하면 내가 속해 있던 조직, 내가 걸어왔던 이력이 나를 싫어하지 않을까? 그러나 노년에 이르러 그것이 나를 지켜주지 않는다. 내가 생각하는 나의 정체성, 나의 '순수이성'이 나를 지켜줄 것이다.

그런 점에서 한 인간의 성장에서 교육의 목적이란 첫째 지적 욕구(진)를 유도해 지혜의 성장과 끊임없는 학문의 정진을 이루는 일이고, 둘째 사회적 포용성(선)을 함양해 '나와 너'가 균형 있게 살아갈 수 있도록 한 사회의 구성원으로서 역할을 알려주는 일이다. 마지막은 문화 교양(미)을 누릴 수 있도록 도와주어 자신의 삶을 더욱 풍요롭게 창조할 수 있는 사람으로 키워내는 일이다.

불행하게도 우리 사회는 이 세 가지 중 어떤 것도 교육의 목적으로 두지 않으며, 자본 증진과 사회적 계급을 목표로 한 교육을 추구한다. 그 부작용으로 학벌과 지적 욕구가 비례하지 않게 되고, 사회적 위치에 맞는 사회적 책임이 도외시되고, 그에 걸맞은 문화 교양마저 처참한 수준이 된다. 이것은 교육이 내적인 풍요가 아닌 외적인 표상에 함몰되어 나타나는 현상이라 판단된다. 이는 단지 교육만의 문제가 아닌 우리 사회 세태를 그대로 반영하는 것으로 물질만능, 사람을 오직 그가 가진 '부'로만 판단하는 인식, 그것만을 동경하는 빈약한 집단사고 전반이 빚어낸 문제로 보인다.

국내 OTT 서비스에서 장르물로 '재벌물'이 따로 구분된 것을 보고 실소한 적이 있다. 이것이 우리 시대에는 하나의 장르인 것이다. 대중이 열광하지 않는 한 이런 정신 현상은 나타나지 않는다.

한 해 전 우리나라 최고 명문대에서 가족 스티커를 발부했다. 거기에 "○○대 I'M MOM", "○○대 I'M DAD"라고 적힌 것을 보고 웃음도 나왔지만 씁쓸했다. 이런 외적 표상의 극대화와 내적인 결핍이 "나는 누구 아빠요" 같은 어린이 스티커 비슷한 현상으로 이어진다는 생각이 들었기 때문이다. 그것이 아니면 존재감을 느끼기 어렵다. 우리 사회의 내적 가난함을 여지없이 보여주는 현상이다. 사람들이 자기 자신을 자신의 내면이 아닌 오직 자신의 외면으로만 알고, 자기가 입은 옷이 곧 '자기 자신'이라는 존재적 착각을 하고 있다. 그래서 옷(페르소나)을 벗었을 때 존재 상실을 경험하게 되며, 사실상 실존적 죽음에 이르게 된다. 그간 내적으론 전혀 교육받지 못한 어린아이였기 때문이다. 그러니 늘 몇 학년 몇 반이라는 유치원 스티커가 필요한 것이다.

인간의 인생 주기를 간단히 두 시기로 구분한다면 피는 시기와 지는 시기가 있다. 그러나 지는 시기가 결코 후퇴를 의미하지는 않는다. 인간의 정신적 기준으로 봤을 때 오히려 익어가는 시기이고, 영글어 가는 시기이다. 모든 자연이 서서히 져서 새로운 생명들을 잉태하듯 새로움을 위한 창조의 시기라고 봐도 무방하다.

그런데 화려하게 피었던 시절을 잊지 못해 지는 시기에 불행감을 안고 사는 사람들을 본다. 이른 나이에 크게 성공한 뒤 서서히 져갈 때 그 감정의 격차를 이기지 못하는 것이다. 그러나 꽃은 잠깐의 화려함을 얻을 뿐이다. 그래서 우리는 지는 시기를 어떻게 살아갈지 알아야 하며, 우리 아이들에게도 가르쳐야 한다.

우리 시대 교육과 성공 담론은 온통 피는 방법만 가르칠 뿐, 지는 법을 알려주지 않는다. 이는 마치 등산을 하는데 오르막을 오르는 방법만 알고 내리막을 어떻게 내려올지 모르는 것과 같다. 결국 내리막에서 발을 접질린다.

루소의 말처럼 '자연 상태의 인간'을 먼저 교육해야 한다.

루소가 살던 사회는 신분제 교육으로 귀족 아이들은 귀족 교육을, 평민 아이들은 평민 교육을 받았다. 루소는 이런 교육이 아이들의 인생을 망친다고 생각했다. 특히 신분이 높을수록 더욱 안 좋다고 생각했다. 그가 살면서 귀족으로 태어나 어떠한 이유로 평민이 되거나 그 신분에서 탈락하는 사람들을 많이 봤기 때문이다. 신분이 미끄러진 사람들은 이후 인생을 어떻게 살아야 할지 몰랐다.

 그러므로 좋은 교육이란 루소의 말대로 '자연 그 자체'의 인간에 대해서 알려주는 것이다. 어떤 상황에서도 살아갈 수 있는 법을 알려주는 것이다. 살면서 입는 옷은 전부 언젠가는 벗어 던져야 하는 것들이기 때문이다. 아무도 나를 찾지 않고 아무도 나에게 손뼉 치지 않을 때 '나는 누구인가?'란 질문에 대답할 수 있는 사람이야말로 진정 행복한 사람일 것이다. 그리고 언제나 피어 있는 꽃이다.

위악적 사회
일부러 나쁜 척할 필요는 없잖아?

누군가를 혐오하는 감정이 들어도 밖으로 드러내지 않고, 어떤 성적 욕구가 내 안에서 일어나도 동물처럼 원초적으로 표현하지 않는다. 그러므로 자아는 인간이 인간답게 살게 해주는 방어기제이다. 그래서 아닌 척, 그렇지 않은 척, 나는 정당한 척하는 게 인간이다. 우리는 이것을 '위선'이라고도 한다.

그런데 이것이 나쁘기만 한 걸까? 인간이 그나마 위선적이기 때문에 사회는 어느 정도 유지되는 속성을 가진다고 보아야 한다. 그런 점에서 인간은 누구나 위선적이다. 프랑스 작가 프랑수아 드 라 로슈푸코 François de La Rochefoucauld, 1913-1680는 "위선은 악이 미덕에 바치는 경의"라고 말했고, 파스칼은 "인간은 자신을 속이며, 거짓을 통해 진리를 존중하려 한다."라고 말했다. 즉 위선이라는 심리 안에는 선에 대한 동경심이 내재한다는 의미다. 사회학자 게오르그 지멜 Georg Simmel 1858-1918은 위선을 사회의 질서와 조화를 유지하기 위한 필수 요인으로 보았다.

사람들이 자신의 나쁜 행동에 솔직함을 넘어 당당하다고 생각해 보자. 정말 안 좋은 것은 이 위선마저 없는 행동이다. 최근 자기 욕망을 거침없이 드러내는 사람들이 소위 힙하고 쿨하고 개성 넘치는 사람으로 평가받는 분위기가 있다. 물론 순수하게 거짓 없는 삶은 좋은 것이다. 그러나 누구나 모두 자기 욕망에 충실하고 타인을 신경 쓰지 않는다고 상상해 보자. 그 세상이 과연 천국일까?

그래서 임마누엘 칸트는 어떤 행동을 하기 전에 "네가 하는 행동을 모든 사람이 해도 되느냐?"라고 반문하라고 권고하였다. 오늘 내가 무심코 쓰레기를 길거리에 버릴 때 '나 하나쯤이야'라고 생각한다면, 죄책감은 잠시 바람처럼 스칠 뿐이다. 그러나 모두가 나처럼 행동한다면 이를 의식하는 나의 사고도 넓어지고 깊어진다. 칸트의 '정언명령'*Categorical Imperative*이다.

그것이 때로는 위선적인 가면(욕망을 숨긴 타협)으로 나타나기도 한다. 그래서 우리는 위선이라는 가면 안에서 사회라는 기본 틀을 유지한다. 여기에 부작용이 물론 있다. 그러나 위악적인 세상이 주는 부작용만큼 크지는 않다.

대한민국은 지금 위선마저 사라진 사회로 가고 있는 것이 문제일 수 있다. 권력자들은 자기 욕망을 드러내는 데 점점 솔직해지고 있다. 눈치 보지 않고 거침없이 자기 모든 욕망을 실현하려 든다. 이게 힙하고 쿨한 사회인가? (이런 쿨함이라면 나는 정말 쏘쿨할 자신 있다.)

미디어는 이런 사람들의 욕망을 포장하려 애쓴다. 그리고 평소 올바르게 잘 사는 사람들이 한 번의 실수라도 하면 더 큰 형벌을 내린다. 우리 사회의 여론 재판은 대부분 이런 식으로 이루어진다. 오히려 우리는 위악적인 인간에게 관대한 것은 아닌가? 그들이 나쁜 짓을 해도 원래 그런 인간이라 치부해 버리고 만다. 그러나 평소 품행이 훌륭했던 인물이 뭐 하나 잘못하면 그를 사회적으로 완전히 매장해 버린다.

이것은 사실 사회적 정의와 상관없는 심리 현상이다. 인간에게 가장 많은 실망감을 주는 것이 배반감이기 때문에 이런 일이 일어난다. 기대가 클수록 실망도 큰 법이다. 더 큰 사회적 형벌을 내리는 이유이다. 많은 부분에서 이해가 가는 인간 행동 방식이다. 하지만 이런 식의 사회 작동 방식이 오히려 위악스러운 사회를 조장할 위험이 크다. 이것을 경계해야 한다. 모든 인간은 행한 만큼의 책임을 지면 된다. 진짜 지옥은 아무것도 눈치 보지 않는 사회이다. 군자의 흠(위선)이 싫어 악인의 욕망(위악)을 선택하는 사회가 되어서는 안 된다.

인간은 결코 이상적으로 될 수 없다. 언제나 덜 나쁜 사회만이 가능할 뿐이다. 칼 포퍼는 "최선을 추구하지 말고, 언제나 최악을 제거하라."라고 말한다. 세상에 절대선이나 절대악은 없기 때문이다. 선악은 무 자르듯이 나눌 수 있는 성질의 것이 아니다. 도덕 철학에서 수많은 사고실험을 통해 증명된 세계의 본질이기도 하다. 러셀의 말대로 "세상은 부분적으로 선하고, 부분적으로 악할 뿐이다." 그러나 플라톤 이래 서구 세계관을 지배하고 있는 이 선악의 이분법은 여전히 강고하다. 이런 몰이해는 폭력을 끊임없이 발생시키는 촉매제가 되고 있다.

내가 믿는 신념만이 무조건 선하고, 그밖에 모든 것은 악하다는 사고방식이야말로 악의 토양이다. 그러므로 우리가 세상을 바르게 볼 수 있으려면 좋아하더라도 의심해야 하며, 비판하더라도 관용할 줄 알아야 한다. 무엇 하나를 무조건 좋아하거나 배격하기보다 그 안에서 좋은 부분은 더 확장해야 하며, 싫어하더라도 좋은 부분을 발견해 역시 확장해야 한다. 부분적인 세상을 바라볼 수 있어야 하는 것이다. 세상이 보다 나아질 수 있다는 희망은 여기서 시작된다.

칼 포퍼의 "최선을 추구하지 말고, 언제나 최악을 제거하라."라는 말은 비단 사회적 문제뿐 아니라 개인의 삶의 자세에도 매우 유용한 문장이다. 내 안에 높은 이상향을 세우고 그것을 위해 끊임없이 노력하는 삶은 때로 숨 막히는 강박과 불안을 일으킨다. 때로 자신을 가혹하게 채찍질한다. 더 나은 나를 위해 더 나쁜 삶이 된다. 자신을 있는 그대로 사랑하자. 더 나은 삶을 위해 나에게 가장 나쁜 것 하나를 지우자. 최선으로 가는 길은 늘 어렵지만, 최악으로 가지 않는 것은 보다 쉽다. 하루에 작은 실천 하나면 충분하다. 그렇게 천천히 맑아지자.

윤리학
올바름이란 복잡하다

"비가 오거나 오지 않는다." 이 문장은 언제나 참이 된다. 이런 문장을 양진주의兩眞主義, *dialetheism*[76]라고 한다. 문제는 이런 문장은 현실에 없다는 것이다. 현실은 이미지로 떠올릴 수 있어야 하는데 이 문장에 대응하는 현실은 없다.

 이런 언어의 헛됨을 지적한 철학자가 비트겐슈타인이다. 그는 『논리철학논고』에서 그림 이론을 말하는데, 언어는 사실들을 기술할 때 명확한 그림으로 떠올릴 수 있어야 한다는 것이다. "위 문장은 떠올릴 수 없으며, 그렇다고 날씨에 대한 정보도 얻을 수 없다. 그러므로 위 문장은 현실에 대해 아무것도 말하고 있지 않다." 이것이 비트겐슈타인의 통찰이다. 현상을 표음하는 언어는 현실 세계의 사태를 묘사하기에 정확해야 한다. 그렇지 않으면 언어는 그저 문장으로서 존재하며, 세계를 설명하고 있지 않은 무의미한 기표일 뿐이다.

---

76 참인 동시에 거짓이 되는 철학적 입장.

"이 문장은 거짓이다." 이 문구 역시 참이면서 거짓이 될 수 있는 완벽한 모순을 일으킨다. 이 문장의 주장대로 이 문장이 거짓이라면 이 문장은 참이 된다. 그렇다면 이 문장은 참이므로 이 문장의 주장대로 이 문장은 진정 거짓이 된다. 이 문장은 진실이면서 동시에 거짓말이다. 또한 진실이 될 때만 거짓이 될 수 있다. 거짓이니 그러므로 진실이다. 참과 거짓이 서로의 꼬리를 물고 있는 형상이다. 이것을 '거짓말쟁이의 역설'*liar paradox*이라 한다.

우리가 평소 인식하지 못할 뿐, 세계는 이토록 복잡함 가운데 놓여 있다. 명제 속에는 언제나 자기 모순이 숨어 있고, 빛 속에는 언제나 그림자가 숨어 있고, 존재 속에는 언제나 부존재가 속해 있다. 우리가 보는 현상은 그러므로 모두 복합적이고 교묘하다.

그러므로 세상을 바라볼 때 하나의 이념만으로 재단하는 것은 매우 게으른 사고방식일 수 있다. 우리가 참으로 믿었던 것이 거짓일 수 있고, 거짓이라 생각했던 것이 참일 수도 있기 때문이다. 이것을 인정하지 않을 때 '지식의 교조화'가 일어난다. 세상의 현상을 끊임없이 공부하고 연구해야 하는 이유다.

그래서 세상에서 가장 어려운 학문이 윤리학이라고 생각한다. 모든 학문은 대략의 정답을 구할 수 있지만, 윤리학은 그렇지 않다. 도덕의 절댓값을 구하기 어렵기 때문이다. 우리는 어렸을 때부터 거짓말이 나쁜 것이라 배운다. 그러나 가령 어떤 무고한 사람이 우리 집으로 도망쳤는데 그를 찾으러 온 경찰에게 어떻게 말하는 것이 정의인가? 거짓말이 나쁜 것이라면 진실을 말해야 한다. 진실을 말하면 무고한 사람이 희생당한다.

공리주의, '최대다수의 최대행복'이 최상의 도덕이라면, 우리는 언제나 다수자를 위한 삶을 추구해야 한다. 그러나 가령 두 척의 배가 침몰하고 있는데, 한 배에는 한 명이 타고 또 다른 배에는 다섯 명이 타고 있다고 하자. 내게는 보트가 한 대 있다. 그러나 시간이 없다. 오직 한 배에만 다녀올 수 있다. 보트를 몰고 내가 다섯 명이 아닌 한 명이 있는 배로 가서 그 사람만 구조했다고 하면 모두가 나를 비난할 것이다. 그러나 알고 보니 그 배에 타고 있던 사람이 내 어머니라면 아무도 나를 비난하지 못할 것이다.

우리는 어렸을 때부터 살인하지 말라 배우지만, 남자들은 청년이 되면 군대에서 살인 기술을 연마한다. 이렇듯 도덕도 사회적 상황과 관계와 시대에 따라 변한다. 이런 식의 사고 실험을 극단으로 밀어붙여 보여주는 이가 바로 미국의 정치학자 마이클 샌델_Michael Sandel, 1953-_이다. 전 세계 베스트셀러가 된 『정의란 무엇인가』가 이런 사고실험을 담아낸 책이다. 이 책을 보다 보면 한 가지를 분명히 알 수 있다. 그 자체로 선한 것은 없으며, 도덕도 상대성을 갖는다는 점이다.

대부분의 시대 갈등은 변한 상황에 대응하지 못하는 게으른 전통 도덕관념에서 나온다. 특히 우리 사회는 윤리학이

취약하다 못해 처참한 수준이다. 공자님 말씀, 맹자님 말씀이 도덕의 전부가 아니다. 미국의 언어학자 노엄 촘스키*Avram Noam Chomsky, 1928-*가 기술의 진보만큼 도덕의 진보가 중요하다고 말한 이유다.

다가오는 기후변화, 기계문명, 생명공학, 고도로 복잡해지는 미래사회에 대응할 고도의 윤리학이 우리에게 있는가? 도덕 과목은 아예 언급조차 되지 않는다. '국영수'만 잘한다고 선진국이 되는 게 아니다. 도덕도 개발하는 것이다. 세계의 역사를 보면 가장 빠르게 새로운 정신문명을 개발한 나라가 언제나 우위에 있었다. 그 근간에 윤리학이 있다. 결국 새로운 기술을 통제할 만큼 진보한 도덕철학을 완성하는 나라가 다음 세대 세계의 정신문명을 지배할 것이라 확신하게 되는 이유다. 그래서 그 시대에 대응할 새로운 인문학 연구는 최첨단 기술만큼 언제나 중요하다.

4장 독단을 넘어

바람이 불어
봄이 오는 소리를 내고 있었다.
서로의 몸을 부딪쳐
크게 외치고 있었다.
겨우내 움튼 들풀들이
초록으로 물들어
빼곡히 쌓여가는 녹음 밑
쉴 그늘을 만들기 위해
햇살은 조용히 내려앉고
햇살에 젖은 흙은
생명을 밀어 올리는 법을 기억했다.
조그마한 꽃들이 고개를 들고
아무도 보지 않아도 피어났다.
그늘 아래 작은 바람결이
아직 말하지 못한 이야기들을
풀잎에 적고 있었다.

지식의 순교자
진리는 누군가의 희생이다

"다른 사람에게는 학식인 것도, 우리가 이 학식을 말한 사람의 거룩한 이름에만 동의를 하고 사람에게 명성을 준 진리를 이해하기 위하여 당사자가 했듯이 자기 자신의 '이지'를 쓰지 않는 한, 우리에게는 맹신에 지나지 않는다."[77]

- 존 로크

데카르트는 인간은 타고난 지성인 '본유관념'本有觀念, innate ideas[78]이 있다고 생각했다. 그래서 모든 인간은 보편적인 형태의 기초 지식을 갖는다. 이를 합리주의Rationalism라 말한다. 그러나 존 로크John Locke, 1632~1704는 정반대로 생각했다. 그는 인간이 타불라 라사tabula rasa[79] 상태에서 태어난다고 생각했다.

---

77 존 로크, 『인간지성론 1』, 주영현 옮김, 동서문화사, 2017, p.103.
78 생득관념(生得觀念)이라고도 한다. 태어날 때부터 생득적으로 주어진 선험적 관념이다.
79 라틴어로 '빈 석판'을 뜻한다. 인간이 백지상태에서 태어나며, 경험을 통해 하나하나 지식을 적어 나간다는 의미를 담고 있다.

보편적 인지 같은 것은 없다. 모든 지식은 생애 과정에서 경험으로 쌓인다. 이를 경험주의Empiricism라고 한다.

로크의 사상에서 주목할 점은 로크가 생각한 '경험'이란 무엇인가이다. 로크는 단순히 권위에 기댄 지식은 참지식이 아니라고 보았다. 진정한 경험적 지식이란 자신이 그 학식에 대해 스스로 사유하고 판단하는 과정이 반드시 있어야 한다는 의미다. 이를 통해 여과된 내 생각이 진정한 경험이고, 지식이라는 것이다. 이런 과정이 없는 것은 믿음의 영역, 이것이 강해지면 맹목이 된다.

이런 로크의 문장을 사유하면 주입식 교육의 문제점을 볼 수 있다. 스스로 판단하고 고민하기보다는 전해 내려오는 인기 높은 이론이나 역사적 인물들의 주장을 비판 없이 수용하는 과정이기 때문이다. 그러므로 이것은 일종의 종교적 수용화 과정이라 볼 수 있다. 이렇게 얻은 것은 로크의 사유에서 보면 '참지식'이라 보기 어렵다. 자신의 인격적, 감각적 오성을 온전히 쓰지 않고 남들의 사고를 빌려 말하는 비루한 형태의 정보일 뿐이다. 그러므로 내면화 과정이 있을 수 없으며, 아무리 고급화된 지식을 배운다 한들 '자기 철학'으로 자리 잡지 못하는 게 아닐까? 나 역시 이것을 학창 시절 충분히 체험한 바, 나는 이것을 '텅 빈 경험'이라 말하고 싶다.

17~18세기 계몽주의 시대를 흔히 중세 신앙(유신론)과 근대 이성(무신론)의 대결로 본다. 그러나 사실 깊이 들여

다보면 이 싸움은 '미신적 신앙'과 '이성적 신앙'의 대결이었다. 가톨릭 사제 조르다노 브루노 Giordano Bruno, 1548~1600가 우주가 무한하다는 주장으로 화형을 당한 지 42년, 갈릴레오 갈릴레이 Galileo Galilei, 1564~1642가 종교 재판과 은둔생활로 병을 얻어 사망한 해에 인류의 선물과도 같았던 천재 '아이작 뉴턴'이 등장한다. 사실상 그가 계몽의 시작이라고 봐도 무방하다. 그는 만유인력의 법칙을 발견하였고, 태양을 중심으로 한 고전 역학과 지동설을 완성했다.

그러나 그는 브루노처럼 화형을 당하지도 않았고, 갈릴레오 갈릴레이처럼 핍박받지도 않았다. 물론 뉴턴 이전 신앙인이면서 동시에 과학자였던 데카르트 같은 인물이 이미 평생을 종교와 이성의 통합 작업에 매진한 결과이기도 했고, 보수적인 가톨릭교회에 비해 좀 더 개방적인 영국 국교회의 영향 아래 성장한 배경도 있었다. 그러나 그의 탁월한 설명 방식 덕분이기도 하다. 그는 과학의 법칙을 '신의 법칙'으로 설명했기 때문이다. 그에게 중력은 '신의 힘'이었다.

신학자가 꿈이었고 과학을 취미로 시작했던 뉴턴은 이 부분에 확실히 재능이 있었다. 그가 독실한 신앙인이었던 사실은 종교계를 설득하는 데 확실히 이점으로 작용했다. 실제로 그는 신의 법칙을 증명하기 위해 진심으로 연구에 매진했다. 그래서 그는 기독교 역사에서도 중요한 인물이 틀림없다. 철학적으로 이와 유사한 작업을 한 이가 헤겔인데, 그는 세계를 의식, 이성, 정신, 절대지로 발전되는 역사로 보았다. '정신의 역사'를 '신의 역사'로 본 것이다. 이들에게 신은 추상적이고 주술적으로 유령같이 등장하는 것이 아니라 인간의 합리성과 경험을 통해 등장한다.

어떻든 뉴턴의 등장으로 영국은 과학과 종교가 격렬하게 대립하던 역사에 빠르게 마침표를 찍을 수 있었다. 수학은 신의 언어가 됐고, 과학은 신의 세계가 됐다. 여기에 영향을 받은 이가 바로 볼테르이다. 볼테르는 프랑스에서 온갖 미신적이고 주술적인 신앙과 싸우다 쫓겨 영국으로 망명하게 되는데, 그 기간에 뉴턴의 과학을 만난다. 그리고 이 이성을 고스란히 보따리에 싸 와서 프랑스에 풀어놓는다. 이후 드니 디드로^{Denis Diderot, 1713-1784}를 중심으로 하는 백과사전파[80]가 등장하면서 각종 미신에 대한 본격적인 혁파 운동이 시작된다.[81]

이런 계몽 사상가들의 노력 덕분에 이성과 합리성을 우선시하는 종교의 역사가 열렸다고 볼 수 있다. 즉 이들이 평생 없애고 싶었던 것은 '종교 그 자체'가 아닌 '주술적 신앙', 즉 '미신'이었다. 이성에 기반하지 않는 종교적 맹신은 때때로 현실 세계를 극단화로 이끈다. 그런 점에서 데카르트의 책을 보면 참으로 눈물겹다. 근세 지식인의 고통이 느껴지

---

80 18세기 프랑스 계몽주의 지식인 집단을 말한다. 이들은 백과전서(Encyclopédie) 편찬에 참여하여 이성과 과학을 중심으로 한 인간의 진보를 주장했다.
81 이병창, 『헤겔의 정신현상학』, EBS BOOKS, 2024, 전자책, p.122.

기 때문이다. 그의 책은 대부분 앞장 4분의 1 정도는 자신이 본 저서를 쓴 이유를 신학자들에게 구구절절 처절하게 변론하고 있다. 데카르트뿐 아니라 존 로크 등 17세기 당시 다른 지식인의 저작에서도 이와 유사한 서문을 발견할 수 있다.

이들이 이런 행동을 했던 이유는 그 당시 과학적 진실을 말했다는 이유로 추방을 당하거나 위협을 당하는 일이 횡행했고, 최악의 경우 종교재판에 넘겨져 화형을 당하는 끔찍한 사태를 각오해야 했기 때문이다. 그래서 당시 권위 있는 신학자들에게 자신의 책을 보내 승인을 얻는 행동을 한 것이다. 일종의 종교적 자기검열이다. 비굴해 보일지라도 결국 이런 노력을 한 데카르트 덕분에 이후 과학자들이 숨통을 틔울 수 있었다.

데카르트는 정신과 물질의 이원론을 주장한 것으로 유명한데, 이에 따라 많은 일원론자, 무엇보다 유물론자들에게 많은 비판을 받곤 했다. 그러나 당시 시대적 상황에서 데카르트가 정신과 물질을 구분한 이유는 정신(관념, 신학의 영역)과 물질(자연, 과학의 영역)을 철저히 구분해 과학자들이 더 이상 종교의 눈치를 보지 않고 자유롭게 연구할 수 있는 분위기를 잡아주기 위해서였다. 이 위대한 철학자의 탁월한 변론은 이후 과학자들이 학문을 꽃피울 수 있는 거름이 되었다. ("현장은 현장의 사정이 있다."라는 말이 떠오른다.) 그가 '근대 이성의 아버지'라 불리는 이유가 여기에 있다.

지동설을 주장한 갈릴레오는 두 번의 종교재판을 받았다. 첫 번째는 그 유명한 "그래도 지구는 돈다."라는 말을 한 재판이다. 갈릴레오는 이때 지동설을 부인한다. 표피적으로는 목숨을 부지하기 위해 다소 비겁해 보이는 행보처럼 보이지만, 사실 이는 갈릴레오의 현실 감각에 의한 탁월한 판단이었다.

조르다노 브루노가 전통적인 교회의 우주론과 다른 우주론[82]을 주장했다는 이유로 온갖 엽기적인 고문을 당하고 화형에 처해진 지 16년밖에 지나지 않았을 때이다. 갈릴레오는 그 한 번의 부인을 통해 과학을 진전시킨다. 이 소식을 듣고 데카르트도 몸을 숨긴다.

그 당시는 지식인들을 모두 가두자는 분위기였다. 그러나 그들이 모두 일찍 목숨을 잃었다면 과학의 발전이 있었을까? 갈릴레오는 목숨을 버리는 대신 연구를 더 깊게 파고드는 길을 선택했다. 얼마 지나지 않아 그는 『천동설과 지동설, 두 체계에 관하여』를 발표한다. 이 책은 그야말로 교황청을 당혹하게 하는 동시에 과학자들에게 많은 용기를 준다.

---

82 조르다노 브루노는 나폴리 왕국 출신으로, 우주는 무한하고 태양은 그중 하나의 항성에 불과하다는 '무한 우주론'을 주장했다. 이러한 우주관이 그리스도 신학과도 반대될 것이 없음을 논증했다. 그러나 지동설과 강한 연결고리를 우려하던 가톨릭교회에서 철회할 것을 요구했다. 브루노가 뜻을 굽히지 않자 1591년 베네치아 공화국에서 붙잡혀 8년간 엽기적인 고문과 모진 학대를 당하고 1600년 화형에 처해진다. 끝까지 의연하게 죽음을 맞아 '지식의 순교자'로 불리며 지식인들의 귀감이 되고 있다.

이 일로 다시 한번 종교재판에 회부되지만, 이때도 갈릴레오 갈릴레이는 "내가 제정신이 아니었다."라고 말하고 가택 연금을 당하는 쪽을 선택한다. 그러나 이후 불행하게도 시력을 잃은 갈릴레오는 1642년 사망했는데, 바로 뉴턴이 탄생한 해이다.

갈릴레오의 삶을 통해 과학적 사고란 무엇인지를 배울 수 있다. 그 핵심은 바로 '권위에 의존'하지 않는 태도이다. 맹목은 대부분 권위를 향한 맹종에서 시작되기 때문이다. 갈릴레오는 시종일관 권위를 꼰대들의 잔소리쯤으로 생각하고 자신의 길을 갔다.

아리스토텔레스 이후 2천 년간 서양 과학은 아리스토텔레스가 지배하고 있었다. 이는 중세 신학자 토마스 아퀴나스 Thomas Aquinas, 1224-1274의 영향이 컸는데, 그의 『신학대전』이 아리스토텔레스의 '부동의 원동자'the unmoved mover[83]를 중심 개념으로 우주와 사물을 설명하고 있기 때문이다. 이것이 당시 신학과 과학의 출발점이었다. 그로 인해 아리스토텔레스를 공격하는 건 신앙을 공격하는 것으로 간주되었다.

---

83   아리스토텔레스의 형이상학에 처음 등장한 개념으로, 모든 것은 원인이 있고 원인의 원인을 계속 추적하다 보면 제1의 원인이 있어야 한다는 주장. 도미노 현상을 떠올리면 된다. 그리고 그 최초의 원인은 논리적으로 무언가에 영향을 받지 않으면서 다른 것에 영향을 주어야 한다. 토마스 아퀴나스는 이런 '부동의 원동자' 개념을 신 증명 이론으로 기독교 신학에 도입하였다.

아리스토텔레스는 물체의 낙하 속도는 물체의 무게와 비례한다고 이야기했다. 그 어떤 교수도 이를 의심하지 않고 가르쳤다. 아리스토텔레스를 의심하는 것 자체가 불경한 것이었기 때문이다. 무려 2천 년간 말이다. 그렇게 교수들이 그 권위를 향한 맹목에 빠져 대학 강단에서 앵무새 같은 말만 반복하고 있을 때, 갈릴레오는 직접 '피사의 사탑'에 올라 낙하 운동을 실험했다. 갈릴레오에게 아리스토텔레스의 권위 같은 건 중요하지 않았다. 그는 스스로 실험해 보고 확인하는 것이 진정 지식인의 태도라고 생각했다. 그렇게 아리스토텔레스의 이론은 2천 년 만에 깨진다.[84]

맹목의 사회, 우리는 이를 통해 무엇을 알 수 있는가? 아무리 위대한 인물도 그 나름의 오류와 모순을 품고 있다는 것이다. 즉, 불완전한 인간 존재를 맹목적으로 따르는 것 자체가 어리석은 신비주의이고 '미신'이라는 것이다.

뉴턴과 당대 최고의 천재 대결을 펼쳤던 독일의 과학자이자 철학자인 라이프니츠 Gottfried Wilhelm Leibniz, 1646-1716 역시 그의 원고 중 가장 기초적인 것 위주로만 출판했다. 일류 문건들은 그의 사후에도 책상 속에 그대로 있었다. 이것을 프랑스 논리학자인 루이 쿠튀라 Louis Alexandre Couturat, 1868-1914 가 발견하지 못했다면, 라이프니츠는 어쩌면 반쪽짜리 라이프니츠로 역

---

84 공기 저항이 없는 곳에서 물체의 속도는 같다. 같은 높이에서 떨어진 물체는 중력의 영향을 받아 같은 가속도로 떨어진다. 이에 따라 물체의 무게와 낙하 속도가 비례한다는 학설은 반박된다.

사에 기록됐을 수도 있었다.

그런데 라이프니츠는 왜 그런 행동을 했을까? 한마디로 시대가 따라주지 못했기 때문이다. 그래서 대중의 인기를 얻고, 왕정과 종교의 승인을 받을 수 있는 문건으로만 출판했다. 시대가 이해할 수 있는 저작들만 내놓은 것이다. 이 일화에서 우리가 배울 수 있는 것은 인간이란 존재 자체가 평판을 매우 두려워하고 진리보다 우선한다는 점이다. 이것이 '자기검열'의 속성이다.

그래서 우리는 시대를 앞서간 주장이 기존의 신념과 어긋난다고 해서 함부로 탄압하는 행동을 해서는 안 된다. 이는 맹신이기 때문이다. 인류의 지성사는 기존의 신념이 깨지는 과정이었다. 광신, 맹신이 횡행하는 사회가 사실 가장 끔찍한 사회다.

볼테르
똘레랑스의 철학자

맹신과 독단과 치열하게 싸웠던 대표적인 인물은 앞서 언급한 작가 볼테르*Voltaire, 1694-1778*이다. 17~18세기 서구 유럽은 미신과 맹신이 판을 치던 폭력의 장이었다. 진실을 말한 지식인들은 사형당했고, 대대적으로 마녀사냥이 판을 쳤다. 권력자들은 자신들의 범죄 행위를 정당화하기 위해 사상가들의 이론을 빌렸다. 의도치 않게 대표 사상가가 된 인물이 라이프니츠다.

그가 의도한 것은 아니지만, 그의 철학 개념은 권력자들이 활용하기에 좋았다. 특히 그의 '충족이유율'(모든 것에는 충분한 이유가 있다)이 권력자의 행동을 정당화하는 데 유용했다. 라이프니츠는 또한 "이 세계는 가능한 세계 중 최선의 세계"라는 말을 했는데, 이는 선악의 균형성을 고찰한 것이지만 본의 아니게 권력형 범죄를 합리화하는 용도로 오용되었다.

이때 볼테르가 반기를 들었다. 그가 쓴 불후의 명저 『캉디드』는 그렇게 탄생했다. 그는 당시 유럽에서 가장 인기 있는 희극작가였다. 아마도 블랙코미디의 원조격 인물이라 볼 수 있을 것이다. 그의 기지 넘치는 소설 『캉디드』는 '충족이유율'이라는 개념을 신랄하게 비판한다. 특히 이 이론이 어떻게 오독되고 잔인한 폭력으로 변할 수 있는지를 우화적으로 표현하고 있다. 볼테르 특유의 위트와 풍자는 폭소를 참을 수 없게 한다. 그 풍자 안에 귀족들의 고양한 위선과 허영을 무참히 깨버리는 지식인의 놀라운 기백이 들어 있다. 이보다 웃기면서 동시에 이토록 날카로운 소설은 없을 것이다. 모든 문장이 요즘 말로 '사이다'다.

볼테르가 폭력에 맞서 내세운 무기는 바로 유머였다. 그의 놀라운 필력은 일단 매우 재밌고 웃기기 때문에 수많은 사람들이 찾았다. 그렇게 귀족들의 위선과 허위를 대중들은 웃음과 함께 자연스럽게 발견하게 된다. 또한 이를 읽는 권력자들은 하나같이 얼굴이 붉게 달아올라 쥐구멍에라도 숨고 싶은 심정을 느꼈을 것이다. 당시 귀족들이 볼테르를 저주함과 동시에 흠모했던 이유는 이 때문이다. 볼테르가 준 교훈은 바로 풍자와 해학은 거대한 힘과 맞서 싸우는 가장 효과적인 무기라는 것에 있다.

덕분에 볼테르는 평생 쫓기는 삶을 살지만, 그의 인기는 날로 높아져 결국 그의 사상은 '계몽'이라는 '시대정신'을 끌어내고 미신적 사회를 종식한다. 루이 16세는 감옥에 갇혀 볼테르의 책을 보고 "내가 이것 때문에 무너졌구나."라고 탄식한다. 윌 듀런트는 인류사의 가장 위대한 사상가로 볼테르를 뽑는다. 그는 말한다. "자유를 논하는 사람은 볼테르를 잊어선 안 된다."

볼테르는 행동하는 지식인의 전형이었다. 그의 희극은 전 유럽에서 상연됐고, 비평가들은 매혹됐다. 유럽의 왕족과 귀족들은 앞다투어 그에게 편지를 보냈고 선물 공세를 펼쳤다. 그의 이런 인기에 경계심을 가진 왕들은 그를 죽이고자 여러 번 시도했다. 그의 희극에는 앞선 캉디드처럼 반봉건적 기운이 서려 있었기 때문이다. 그러나 그때마다 재치 있게 빠져나간 볼테르는 스위스의 작은 마을에서 은둔 생활을 이어갔다.

그는 어렸을 때부터 장난꾸러기였고 선생들도 포기한 문제아였다. 커서도 이런 성품은 변하지 않아, 그저 자유롭게 살기 위해 노력할 뿐이었다. 그러던 어느 날 그 유명한 '장 칼라스'Jean Calas, 1698-1762 사건이 터진다. 당시 툴루즈시Toulouse[85]에서 절대 권력을 누리던 가톨릭 성직자들은 프로테스탄트들에게 억울한 누명을 씌워 마녀사냥했는데, 장 칼라스 역시 이에 희생당한 인물이다. 그의 가족들은 볼테르에게 억울함을 호소했다. 귀족조차 만나주지 않았던 볼테르가 장 칼라스의 가족들을 보듬었던 일은 당시 사람들의 의아함을 자아냈다.

기록에 따르면, 장난만 치던 볼테르의 얼굴에서 처음으로

---

85 프랑스 남서부, 피레네산맥과 대서양 사이에 있는 도시.

놀랍도록 진지한 기운이 뿜어져 나왔고, 친구의 농담도 받아주지 않았다고 한다. 그는 편지로 이 부당함을 전 유럽에 알리기 시작했다. 그는 이때 이런 말을 남긴다. "저들에겐 칼이 있지만, 나에겐 펜이 있다." 그의 말처럼 볼테르의 글은 그 어떤 칼보다도 날카로웠다. 그는 왕정의 폭거와 종교적 광신 속을 정면으로 치고 들어갔다.

결국 그의 펜은 왕정을 무너뜨리고 광신의 몰락과 종교의 자유를 가져온다. 이것을 후세 사람들은 '계몽'이라 부른다. 이 일로 가톨릭교회는 그를 죽을 때까지 미워했는데, 놀라운 것은 볼테르도 신을 믿었다는 점이다. 그는 이때를 두고 이런 말을 했다. "무릇 지식인은 종교나 당파, 미신의 편이 아니라 언제나 이성의 편이어야 한다." 이런 볼테르의 정신을 한마디로 요약하기 위해 생겨난 말이 '똘레랑스'*Tolérance,* (관용)이다.

이후 니체는 볼테르의 정신을 기념하기 위한 책을 썼다. 그게 바로 니체의 명작 『인간적인 너무나 인간적인』이다. 볼테르의 명저 『철학사전』에는 이런 구절이 나온다.

> "녹색 가운을 걸쳤든, 터번을 둘렀든, 검은 사제복이나 흰 제의복을 입었든, 가슴 장식을 단 법관복을 입었든, 가련한 인간들이여, 이성으로 답을 얻을 수 있는 일에 권위를 휘두르지 말라."[86]

---

86 볼테르, 『불온한 철학사전』, 사이에 옮김, 민음사, 2015, p.109.

윌 듀런트는 인류 역사에서 가장 위대한 인물은 바로 볼테르나 뉴턴같이 새로운 생각과 지식을 인류에게 전해준 인물들이라고 주저 없이 말한다. 나도 이에 동의한다. 그래서 정복 군주들 위주로 쓰인 영웅 사관은 바뀔 필요가 있어 보인다. 사람들을 학살하고 노예로 삼은 호전적 군주들의 영웅담은 독재자들에게 잘못된 신호를 주는 게 분명하기 때문이다. 이탈리아의 독재자 무솔리니_Benito Mussolin, 1883~1945_의 롤모델은 로마 영웅 카이사르와 스키피오였다.

아직도 잘못된 영웅 심리에 젖은 호전적 리더들이 세계 곳곳에 존재한다. 이는 '위대함'에 대한 대중의 왜곡된 인식과 찬양에 근원하고 있다. 듀런트의 말처럼 인류에게 인류애와 평화 그리고 지식을 안겨준 인물들 위주로 역사를 바라봐야 한다. 아리스토텔레스, 뉴턴, 볼테르, 슈바이처, 처칠, 러셀, 아인슈타인, 붓다, 간디 같은 인물들이 진짜 인류 역사의 주역들이 아닌가? 우리 역사에서도 가장 위대한 군주는 우리에게 문자와 언어를 선물한 세종대왕이 아니던가?

맹신의 속성
우리는 어떻게 독단에 빠지는가?

맹신의 속성은 무엇일까? 사회를 후퇴하게 만드는 극단적인 사회운동과 극단적인 종교의 비합리적인 행태까지, 특히 파시즘fascism은 전 세계뿐 아니라 여전히 대한민국 사회에서도 기승을 부리고 있다. 이런 잘못된 믿음에 대해 적절한 답변을 해주는 이가 20세기의 니체로 불리는 사회철학자 에릭 호퍼Eric Hoffer, 1902~1983일 것이다. 그는 자신의 저서 『맹신자들』에서 맹신의 속성과 현상을 매우 깊고 날카롭게 분석하였다. 그가 어떻게 분석하고 있는지 핵심만 살펴보도록 하자.

첫 번째, 자기경멸
사르트르는 "인간은 자유롭도록 선고받았다."라고 말했지만, 이 자유를 견디지 못하는 사람들이 있다. 바로 맹신자들이다. 그들에게 개인은 불온한 존재이다. 대부분의 극단적 종교운동, 사회운동 등은 자기경멸에서 시작된다. 맹신은 개인적인 것을 죄악시하고 집단 이념을 숭배하는 것에서 출발하기 때문이다. "추종자들을 끌어들일 수 있는 것은 자기발전 욕구를 충족시켜서가 아니라 자기부정 욕구를 충족시키기 때문이다."[87] 호퍼의 주장이다. 그래서 이들의 심리적 기제는 개인적인 삶, 개성적인 것이 무가치하다고 여기는 공통된 특징이 있다.

호퍼는 결국 이들이 말하는 자유란 "자유로부터의 자유"라고 말한다. 또한 호퍼는 이를 두고 "좌절한 사람들"이라는 표현을 쓴다. 자신의 인생에서 개인적 가치를 찾지 못하고 좌절한 사람들이 심리적 방황 끝에 어떤 숭고한 대의에 자신을 의탁한다는 것이다. 이를 통해 삶의 희망, 새로운 돌파 지점을 발견한다. 삶이란 오직 이 숭고한 신념에 바칠 때만이 가치 있다. 그래서 그들에게 나타나는 중요한 특징 중 하나는 자신이 믿는 그 활동 외에는 모든 것을 무가치하게 여긴다는 점이다.

그래서 극단적 운동의 분포를 살펴보면 모든 걸 다 가져 권태에 빠져 있는 최상위 계층과 개인의 삶에서 아무런 효능감을 느끼지 못하는 최하위층이 연합하는 형세를 띠는 것을 볼 수 있다고 한다. 특히 무서운 것은 '이성적 논리' 역시 그 무가치한 것에 속한다는 점이다.

한번 맹신에 빠지면 아무리 논리적으로 설득해도 잘 통하지 않는 이유다. 맹신에 빠진 이들이 논리를 몰라서가 아니라 논리를 믿지 않기 때문이다. 이들은 어떤 신념에 대한 조

---

87   에릭 호퍼, 『맹신자들』, 이민아 옮김, 궁리출판, 2024, p.29.

직적 소속감이 더 중요하다. 이것이 맹신의 가장 공포스러운 속성이다.

두 번째, 근친 증오와 가족유사성
맹신자들이 증오하는 대상은 놀랍게도 '가족유사성'*Family Resemblance*을 띠고 있다. 맹신에 빠진 종교인이 가장 증오하는 대상은 무신론자가 아니다. 아류 즉 이단이다. 예를 들어 기독교와 이슬람은 한 뿌리를 공유하지만, 서로를 그토록 싫어하고 증오한다. 종교적 근본주의자일수록 이 증오는 더욱 강하다. 맹신은 또 다른 맹신이 가장 위협적인 존재이기 때문이다. 그러나 호퍼의 통찰은 여기에 더해 근친 증오는 근친 연합이라는 새로운 형국을 띨 수도 있다. 그 키워드도 역시 맹신이다.

맹신이라는 같은 감수성을 공유하는 집단이기에 오히려 연합이 수월한 아이러니가 생긴다. 기록에 따르면 나치들은 그들과 싸웠던 공산주의자들을 설득하는 것이 더욱 쉬웠다고 한다. 그렇게 넘어온 공산주의자들은 누구보다 열렬한 나치 당원이 된다. 사실 이 심리적 근간에는 어떤 특수한 사상이 아닌 자신의 인생을 가치 있게 만들어 줄 웅대한 열망을 채워주면 되기 때문이다. 맹신자들에겐 노래의 가사가 아닌 음악의 리듬이 중요한 것이다. 오히려 나치가 설득하기 어려운 사람들은 매사에 합리적으로 사고하고 판단하는, 웅대한 열망과는 거리가 먼 '개성 넘치는 개인'이었다.

이런 현상은 우리도 종종 목격하는데, 젊은 시절 극렬한 좌파 운동을 했던 사람이 이후 극우 운동가로 변신한 사례를 쉽게 찾아볼 수 있다. 공산주의Communism와 국가사회주의National socialism는 파쇼Fascism라는 공통된 특성이 있다. 즉 맹신은 이념을 넘어 하나의 '가족유사성'을 띠는 특이점을 갖는다.

세 번째, 인정욕구와 지식인

그렇다면 이런 전환은 어디서부터 오는가? 호퍼의 통찰력은 여기서 빛나는데, 그 심리적 근간에는 사실 "지식인들의 뿌리 깊은 인정욕구"[88]가 있다는 것이다. 대부분의 새로운 사회운동은 지식인들의 말과 글에서 시작한다. 그러나 많은 지식인이 그 시작과 끝에서 너무나 다른 모습을 보인다. 노동자들을 위해 혁명을 일으킨 볼셰비키는 혁명을 완수한 후 노동자들을 죽이고 탄압한다. 나폴레옹은 공화국이라는 새로운 가치를 전파하기 위해 혁명을 했지만, 그 스스로 황제가 된다. 이는 왕당파에 맞서 싸운 잉글랜드의 초대 호국경 올리버 크롬웰Oliver Cromwell, 1599-1658도 마찬가지다. 중세 교회의 미신과 폭정에 맞서 일어난 종교 개혁가 중에도 개혁을 이룬 후 교리를 세우고 민중을 가혹하게 탄압한 사례를 쉽게 찾아볼 수 있다. 물론 순수한 열망으로 사회 변화에 참여하는 사람도 있지만, 역사를 살펴보면 매우 희귀하다.

---

88 에릭 호퍼, 『맹신자들』, 이민아 옮김, 궁리출판, 2024, p.194.

호퍼는 이를 두고 새로운 변화 운동의 중심에는 언제나 지식인들의 인정욕구가 함께 녹아 있기 때문이라고 말한다. 그들은 그들의 사상이 주류가 되었을 때 사실상 목표를 이루었다. 그 심리적 동기는 사실 '새로운 사회'라기보다는 그 사회를 이루는 주인공, '자신'에게 있기 때문은 아닐까? 자신의 사상이 주류가 되는 데 그 목적이 있기 때문이다.

호퍼의 냉혹한 평가로는 그들에게 사상은 수단이 되곤 한다. 호퍼는 지식인들은 "날마다 자신의 가치를 증명하지 않으면 못 견디는"[89] 면이 있기 때문이라 말한다. 그래서 지식인을 평소 높게 대우하고 관리하는 정부에서는 새로운 사회 운동이 일어나기 어렵다는 점을 지적한다. 그들의 인정 욕구가 늘 채워진 상태이기 때문이다.

네 번째, 악마에 대한 믿음

맹신자들의 가장 큰 특징은 "항상 악마를 설정"한다는 점이다. 호퍼는 맹신의 경우 신념에 대한 믿음보다는 악마에 대한 믿음을 더욱 필요로 한다고 지적한다. 어떤 극단적 사회 운동 역시 척결해야 할 적을 먼저 설정한다. 이는 집단을 결속시킬 때 하나의 신념보다는 공통된 적을 설정하는 게 훨씬 효과적이기 때문이다.

중세 시절 분열하는 교회에 필요했던 것은 신에 대한 공

---

89 에릭 호퍼, 『맹신자들』, 이민아 옮김, 궁리출판, 2024, p.195.

통된 믿음이 아닌 척결해야 할 공통된 악마였다. 십자군 전쟁은 그렇게 탄생했다. 유럽에서 오랫동안 이어져 온 유대인 탄압 역시 이런 믿음에 근거한다. 히틀러가 독일 사회를 통일하고 유럽을 통합시키기 위해 아이디어로 실현한 것이 바로 유대인을 악마화하는 것이었다. 그리고 그들의 정권 초기에 이는 매우 효과적인 전략임이 입증된다. 사람들의 증오만큼 조직원들을 뭉치게 하는 것은 없다. 그래서 맹신자들의 어법에는 늘 무엇을 반드시 척결해야 한다는 말이 따라온다. 맹신은 언제나 악마를 설정하고 목표를 이루면 또 다른 악마를 설정한다. 그렇게 하지 않으면 조직은 와해하기 때문이다.

그래서 호퍼는 "자유와 민주주의가 지키기 가장 어렵다."라고 말한다. 그 근간 자체가 절대주의를 배격하고 맹신의 반대편에 서 있기 때문이다. 민주주의는 전체주의에 비해 프로파간다*propaganda* 측면에서 위력이 떨어진다. 민주주의는 그 근본이 개인의 자유와 가치 위에 서 있다. 여기에는 그 어떤 맹신도 필요하지 않다. 유일한 믿음은 자신의 이성을 믿고 합리적 판단을 신뢰하는 것이다. 맹신의 근원은 자기부정, 자신의 이성을 배격하는 것에서 출발하기 때문이다.

결론적으로 맹신은 민주주의와는 양립하기 어렵다. 호퍼의 표현대로 맹신은 "신념을 이성 위로 격상시키며, 개인의 지성을 믿고 의지하지 못하게 만들기 때문"이다. 그래서 맹신은 늘 민주주의에 위협이 되는 요인이며, 맹신이 커지는 사회에서 민주주의는 늘 위태로울 수밖에 없다.

버트런드 러셀 역시 극단적 종교나 이념의 맹목성을 강도 높게 비판했는데, "증거에 입각한 진실성과 지적 성실성"이 빠져 있다는 것이 그 이유다. 사랑을 위한 지적 성실성이 없다는 것은 내가 누군가를 사랑한다고 하면서 그 대상을 알려고 노력하지 않는 것과 같기 때문이다.

진화생물학자 리처드 도킨스는 주술적 종교인들의 기도에 대해 이런 비유를 한다. "자신이 승리를 신이 돕는다는 믿음은 자신을 편애해 달라는 것이다. 심지어 신이 자신을 위해 주차공간을 비워둘 것이라 믿는 운전자도 있는데 그렇다면 다른 누군가가 그 공간을 뺏긴다."[90]

세계적인 무신론자의 말이라 유신론자들은 이 말이 불편할 수 있으나, 유신론자 입장에서도 이 말은 새겨들을 만하다. 손가락을 보지 말고 그가 가리킨 것을 보자. 왜냐하면 많은 종교에서 신은 곧 공평과 정의의 상징으로 묘사되기 때문이다. 즉 신은 공의로운 심판자다. 심판자의 속성에 공명정대함이 있으며, 주어와 술어가 서로를 지탱한다. 그렇지 않다면 그는 심판자로서 자격을 잃는다. 그래서 이 기준점이 진정한 종교적 사고와 주술적 사고를 가르는 중요한 핵심이다.

---

90 리처드 도킨스, 『만들어진 신』, 이한음 옮김, 김영사, 2007, p.97.

진정한 종교인이라면 자신이 믿는 신은 정의롭다고 생각할 것이며, 그렇다면 그는 늘 정의롭게 세상이 돌아가고 악인들이 심판받으며 약자들이 보호받는 세상을 위해 기도할 것이기 때문이다. "우리 자식 어느 대학에 붙게 해주세요.(성적과 상관없이)" 또는 "우리 아들딸 승진하게 해주세요.(능력과 상관없이)" 같은 기도는 적어도 하지 않을 것이다. 그런 기도를 들어주는 신이라면 적어도 선하고 정의로운 신이라는 관념 자체를 포기해야 하며, 나만 사랑하는 신을 상정해야 하기 때문이다.

이런 '나의 복을 위한 신'이 바로 주술의 속성이다. 여기에서 숭배의 대상은 신이 아니라 나의 복이다. 사실 이것은 신의 이름을 빌려 나를 섬기는 것이다. 만약 그런 신을 추앙한다면, 적어도 그가 믿는 신이 정의롭다고 주장하는 것도 모순이 된다. 종교의 주장대로 정의로운 신이라면 세상을 공의롭고 균형 있게 관리하는 것에 더 관심이 있을 것이기 때문이다. 즉 정의로운 신은 내가 미는 후보를 뽑아주지 않는다. 공정하게 선출되는 일에 더 관심이 있을 것이기 때문이다. 신은 모든 인간을 사랑하기에 말이다.

인간의 조건
인간은 배움으로 완성된다

인간의 뇌가 갈수록 극단화되는 이유는 디지털 자본주의[91]가 극단주의를 부추기기 때문이다. 사람들의 뇌가 극단으로 갈수록 흥분 상태에 도달하고, 돈을 지급할 확률도 높아진다. 대표적인 것이 알고리즘이다.

알고리즘은 당신이 선택할 정보 취향을 분석해 같은 정보를 수시로 반복해서 보여준다. 이는 정신의 매트릭스를 만들어내는 것으로 행동경제학에서는 에코 체임버 Echo chamber[92]라 부른다. 알고리즘이 당신 정신의 메아리라는 것이다. 나는 이것을 디지털 정신이라 부른다.

문제는 이것이 인위적인 극단화로 유도된다는 점이다. 앞으로도 알고리즘은 당신이 돈을 지급할 확률이 가장 높은 정보를 더 강화할 것이고, 그것이 당신 주변 사방을 막게 될

91　디지털 자본주의(Digital Capitalism)는 정보기술과 인터넷 플랫폼이 자본 축적의 중심 역할을 하는 현대 경제 체제를 의미한다.
92　특정 신념·정보만 반복적으로 접하며 다른 의견과의 접촉이 차단되는 현상. 캐스 선스타인(Cass Sunstein)이 정치적 양극화 연구에서 널리 사용했다.

것이다. 이곳에 빠지면 스스로 깨닫고 의도적 탈출을 감행할 때까지 벗어날 수 없다.

21세기 정치적 극단주의의 광풍 역시 이런 디지털 감옥에서 탄생했다. 이것이 강화되면 이제 그 세계밖에는 아무것도 보이지 않게 된다. 결국 정보 비즈니스(AI, IT, 미디어)에 대한 규제와 돈 버는 방식에 대한 디지털 자본주의를 수술하는 길밖에는 없다.

하지만 이는 거의 불가능해 보인다. 글로벌 IT 기업들이 모두 분산되어 있고, 한 국가의 통제 아래 놓여 있지 않기 때문이다. 또한 이런 규제를 가장 먼저 만드는 국가가 기술 경쟁력에서 뒤처질 확률이 매우 높은 이유도 있다. 결국 너무 이상적인 이야기 같지만 '의식 혁명' 외에는 길이 안 보인다. 개인 스스로가 이런 감옥을 인지하고 늘 그런 프레임에서 벗어나려고 노력해야 한다.

감옥에서 태어나 감옥에서 자란 아이는 어른이 돼서 감옥을 '세계'라고 인지할 것이다. 이미 우리 아이들이 그렇다. 그래서 난 미래의 인간은 두 부류가 존재할 것이라 본다. 디지털 노예와 자유인.

그렇다면 의식의 자유를 얻기 위해 우리는 우선 무엇을 검토해야 할까? 역설적이게도 자신이 어디까지 아는지를 가늠하는 것이 아니라 자신이 얼마나 모르는지를 알고 있어야 한다. 정말 아는 사람은 자신이 안다는 것을 잘 모른다. 어린아이도 '1+1=2'라는 사실은 알지만, 자신이 이것을 왜 알고 있는지는 모른다. 그냥 자연스럽게 그렇게 인식하기 때문이다. 이것이 체화인데, 우리의 직관과 진리가 합일된 상태로서의 인식 상태이다. 분명 1+1=2는 수적 증명이지만, 자연성으로 내재해 있는 상태이다. 이것을 '선험적 인식'이라고 한다. 저등동물에게는 이런 선험적 인식이 없다.

공부를 많이 한 이에겐 어떤 복잡한 경험적인 지식이 선험적으로 나타난다. 그래서 자기반성적 복기 없이는 자신이 이미 알고 있다는 사실을 모른 채 정초한다. 이것이 소크라테스가 말한 '무지無知의 지知'[93] 상태이다. 무지의 지는 자연스럽게 드러나며, 내가 알고 있다는 의식이 없으므로 교만한 자랑이 없다.

쉽게 이야기하면 운전 실력은 '초보 운전자'가 자랑한다는 말이다. 베스트 드라이버는 자신이 훌륭하게 운전하면서도 그 모든 행위에 의식함이 없다. 이것은 의식적 겸손과는 다른 무의식적 자연스러움이다. 자연스러움은 선험적이기 때문이다. 그러므로 진짜 아는 이는 겸손하지 않으려 해도 그 자체로 행동이 겸손하게 다가오는 이유다. 그의 의식에는 특별한 것이 없기 때문이다.

그런 점에서 '자랑하다'의 반대는 겸손이 아닌 '자연스러움'이다. 사실 거만함은 결핍의 상태이다. 앎에 대한 거만한

---

[93] 『소크라테스의 변명』에 나오는 개념으로 소크라테스가 말하는 지혜란 '먼저 자신이 무엇을 모르는지를 아는 것'(I know that I know nothing)에서 시작한다는 의미를 담고 있다.

태도는 부자연스러운 상태이며, 부자연스러움은 그가 그것을 모른다는 것을 의미한다. '진짜 아는 사람은 모른다.' 이것을 역설적으로 표현한 문장이 바로 소크라테스의 "내가 모른다는 것을 안다."이다.

공자는 지식을 정의하며 "지식이란 아는 것을 안다고 하는 것, 모른다는 것을 모른다고 하는 것"이라 말한다. 지식에는 겸손과 인정, 솔직함도 포함됨을 의미한다. 소크라테스의 '무지의 지'와도 일맥상통하는 이 말은 보기에 쉬워 보여도 겸손하게 부지런히 깨우치지 않으면 사실 얻기 힘든 경지이다. 지식은 안다는 것과 모른다는 것에 대한 분별능력이기 때문이다. 내가 모르는 것이 무엇인지 안다는 것은 사실 높은 경지의 앎의 영역이다.

어리석은 이들 대부분이 이 능력이 결핍되어 있으며, 젊은 시절 잠깐 배운 세상 0.01%의 지식으로 자신들이 다 안다고 생각한다. 자신이 배운 것 이상의 진실을 받아들일 줄 모르며, 더 이상 배우려 하지 않고 종국에는 자신이 무엇을 모르는지조차 모르게 된다. 사실 치명적인 병이다. 맹인이 자신이 맹인인지조차 모르는 것과 같기 때문이다. 이것이 맹목이다.

에릭 호퍼의 이야기를 좀 더 들어보자. 그는 또 하나의 저서 『인간의 조건』에서 이런 맹신의 논리가 생기는 원인을 "배움을 멈춘 사회"로 들었다. 그는 인간은 아직 완전한 인간이 아닌 인간화가 되어가는 과정 가운데 있다고 보았기 때문이다. 그러고 보면 인간이 동물보다 못할 때가 얼마나 많은가? 인간도 한때는 동물과 같았고, 진화해서 오늘날에 이르렀으며, 이것이 또한 진화의 완성이 아니기에 우리는 여전히 인간화가 진행되고 있다는 호퍼의 통찰은 일견 타당하다.

호퍼는 또한 원시시대 인간이 다른 야수들을 제압하고 경쟁 우위에 설 수 있었던 이유로 '놀이'를 든다. 인간의 속성 중 '호모 루덴스'*Homo Ludens*[94]가 가장 큰 무기였다는 것이다. 고고학 자료에 따르면 활과 바퀴, 망치 등 인간이 만든 최초의 도구들은 대부분 처음에는 가지고 놀기 위해 만들어졌다는 게 호퍼의 주장이다. 즉 흥미만큼 인간에게 강력한 무기는 없다. 그 도구들로 호모 사피엔스는 다른 종들을 압도하기 시작했다.

러셀 역시 이와 유사한 이야기를 하는데, 세상을 바꾼 이들을 보면 처음에 어떤 고상하고 웅대한 목표가 있었던 것이 아니라 순전히 재미를 위해 딴짓을 하다 발견이 이루어졌다는 것이다. 아인슈타인은 초등학교 때 공부는 안 하고 공상에 빠져 있다 선생님들에게 자주 혼나곤 했다. 그런데

---

[94] '놀이하는 인간', '유희하는 인간'이라는 뜻이다. 네덜란드의 역사가이자 철학자인 요한 하위징아(Johan Huizinga, 1872~1945)의 저서 『호모 루덴스』를 통해 알려졌으며, 인간의 본질을 놀이라는 매개를 통한 창조 활동으로 보았다.

그 공상이 빛을 타고 여행하는 상상이었다. 이 재미를 어른까지 이어간 것이다.

호퍼는 호기심과 흥미를 평생 잃지 않는 게 인간화의 중요 조건이라 말한다. 이는 아직 다른 동물에게서 발견되지 않은 오직 인간만의 속성이기 때문이다. 호퍼가 말한 어른 속에 있는 아이의 성향 즉 '놀이터'이다. 그래서 재미가 없는 교육은 이류다. 우리는 이 놀이터를 잃어버렸다.

대부분 학창 시절이 지나 어른이 되면 학습하기를 멈춘다. 이 이유는 공부는 재미없는 것이라는 인식이 학습하는 20년간 뇌리에 박혔기 때문이다. 그러나 호퍼는 건강한 사회는 오히려 학생들보다 어른들이 더욱 공부에 흥미를 느낄 때 이루어진다고 보았다. 배우려 하는 흥미 자체가 배움의 결과이기 때문이다. 그래서 평생 길 위 노동자로 살아온 호퍼 역시 죽을 때까지 배움을 멈추지 않았다. (호퍼는 어릴 적 고아가 되어 정규교육을 받지 않았지만, 오직 독학으로 세계적 사상가 반열에 오른다.)

전쟁과 폭력, 범죄가 여전히 세계를 공포에 몰아넣는 것을 보면 호퍼의 말처럼 인간은 여전히 인간화가 되어가는 과정 가운데 있다. 우리는 언제나 미래로 던져지는 무엇이며, 아직 완성되지 않았다. 인간이 되어가는 교육이 평생 지속될 때 미래 사회는 진정 희망을 품을 수 있을 것이다. 우리 시대 대부분의 문제는 이 배움의 놀이터를 잃어버린 채 다 배웠다고 생각하는 사람들, 즉 과거에 붙잡혀 있는 사람들에게서 발생하기 때문이다.

"교육은 배운 사람이 아니라 배우는 사람을 양성해야 한다. 진정으로 인간적인 사회는 배우는 사회이며, 그곳에서는 조부모도 부모도 자식도 모두 학생이다. 급변의 시대에 미래를 이어갈 사람은 계속 배우는 학습자이다. 배움을 끝낸 사람에게는 과거의 세계에서 살아갈 기술밖에 남아 있지 않다."[95]

- 에릭 호퍼

---

95 에릭 호퍼, 『인간의 조건』, 정지훈 옮김, 이다미디어, 2014, p.48.

열린사회
서로를 존중하는 길

칼 포퍼의 명저『열린사회와 그 적들』에서 '열린사회'란 합리적인 의사소통이 살아 있는 민주 국가를 말한다. 반면 열린사회의 적은 닫힌사회다. 이 닫힌사회는 역사적으로 몇 가지 핵심적인 특징을 보인다.

첫 번째로 말할 수 있는 가장 큰 특징은 '부족주의'다. 원시사회가 씨족으로 이루어져 족장 중심의 결속력으로 개방을 거부했듯이, 부족주의는 그들만의 법칙 외에는 모든 것을 거부하고 폐쇄한다. 포퍼는 사회가 전체주의로 가는 작은 길목에 이런 '부족 중심주의'가 있다고 생각했다. 보통 부족은 가족과 친지 혈연관계가 확장되었을 때 나타난다. 켈트족, 게르만족, 앵글로색슨, 한족, 몽골족 등등 인류사는 이렇게 하나의 부족을 민족화하는 구분법을 쓰고, 이는 국가 단위의 경계를 만드는 기초 단위의 분석이 된다.

문제는 이런 부족주의가 단지 세계사적 측면에서만 나타나는 것이 아니라 하나의 국가, 하나의 민족에서도 나타난다는 점이다. 그것은 보통 '경험의 공유'에서 나타난다. 이 경험은 출신 지역, 출신 대학, 직업별, 사회적 구성 등 세부적으로 구성된다. 가령 정치권 인사를 구분할 때 우리는 법조인 출신, 경제인 출신, 시민사회 출신 등 출신 성분을 중심으로 분석하고 예측한다. 이들은 모두 하나의 소부족을 이루고 있다. 이런 부족주의는 잠재적 카르텔^{Cartel}이라 봐도 무방하다.

그래서 하나의 부족이 기형적으로 커지거나 힘을 얻으면 사회는 급속도로 불안해지고 전체화된다. 그렇다고 부족 자체를 해체할 수도 없다. 인간은 존재론적으로 부족을 떠나 사회를 구성할 수 없다. 시스템은 부족 단위의 협업으로 이루어지는데, 인간은 라캉의 말대로 '대타자'의 세계를 살아가고 있기 때문이다. 우리의 '사회적 자아'는 내면적 본질로서 구성되는 것이 아니라 타자에 의해 규정된다. 내가 알고 있는 나의 모습은 대부분 나의 부족들이 지어준 이름이다.

이런 인식은 같은 부족을 보호하려는 생존본능으로 연결된다. 어떤 특정 부족이 힘을 갖는다는 건 결국 나의 몫도 커질 확률도 높아지는 것을 의미하기 때문이다. 그래서 균형 잡힌 사회를 위해 어느 특정 부족 집단이 커지는 것을 방지하고, 다양한 부족이 힘의 균형을 이룰 수 있도록 유도해야 한다. 만약 다양한 종교라는 여러 부족 중 하나의 특정 부족(종교)이 70% 이상 커지면 그 국가는 신정 국가가 될 것이다. 사회적 다양성 관리가 중요한 이유다.

'사회적 다양성'을 유지하는 것은 마치 생물학에서 '생물

다양성'*Biodiversity*을 추구하는 것과 같다. 생물다양성이 풍부하면 환경은 전체적으로 맑고 깨끗해진다. 사회도 마찬가지다. 사회적 다양성이 풍부해지면 사회는 전체적으로 깨끗하고 맑아진다. 문화적, 직업적 다양성이 높은 나라들이 경쟁력 우위를 확보하는 것을 보면 알 수 있다.

두 번째는 마술주의다. 닫힌사회는 이상한 선민의식에 사로잡혀 그들을 중심으로 펼쳐지는 어떤 역사적 드라마가 있다고 믿는 사람들이 주류를 이룬다. 문제는 그것이 매우 신비주의적이고 주술적 성향을 띤다는 점이다. 그래서 그들은 과학적인 측면에 사회 공학적 사고를 거부한다.

마지막으로 비합리성이다. 이것을 포퍼는 한마디로 정의하는데 '합리적인 반성 가능성'[96]의 결여이다. 이 부분이 참으로 치명적이다. 그들은 그들만의 신성불가침의 영역이 있으며 이것은 침범해선 안 되는, 의심해서는 안 되는 절대적인 것이다.

진짜 문제는 그 안에 계급주의와 귀족주의가 포함된다는 점이다. 닫힌사회 지도자들에게는 노예제도, 신분제도, 계급통치는 문제가 되지 않는다. 그들에게 가장 중요한 것은 부족 공동체의 부족 질서를 유지하는 일이기 때문이다. 그것만이 절대 사명이며 절대 진리일 뿐이다.

포퍼는 이런 닫힌사회의 기저에 깔린 '역사법칙주의'를

---

96 칼 포퍼, 『열린사회와 그 적들 1』, 이한구 옮김, 민음사, 1997, p.293.

비판한다. 그 중심에 플라톤, 헤겔, 마르크스가 있다. 이는 전체주의의 철학적 배경이 된 사상적 흐름을 꼬집는 것으로, 이들에 대한 전체 철학을 부정하는 것은 물론 아니다. 역사 철학에 대한 비판적 사유라고 보면 되겠다. 당시 포퍼의 진정한 목표는 포퍼 시대의 히틀러와 스탈린, 즉 군부 독재자들의 파시즘을 비판하는 데 있었다. (국내에서 포퍼에 대한 재미난 일화가 있다. 군사 정권 시절 단순히 마르크스 비평이 들어갔다는 이유로 그의 책이 추천도서로 뽑혔었다. 포퍼도 무덤에서 일어나 웃을 일이다.)

어떻든 포퍼 사상의 핵심은 앞서도 이야기했듯이 "최선을 추구하지 말고, 최악을 제거하라."는 문장에 담겨 있다. 최악은 분명히 드러나지만, 최선은 사람들의 철학마다 이상마다 갈라져 하나로 모으기가 어렵기 때문이다. 그래서 최악을 남겨둔 최선 논쟁은 사회적 선후가 맞지 않다. 우리는 $100km$로 달리다가 자동차 타이어가 펑크 나면 어떤 멋진 타이어로 교체할지를 먼저 생각할까? 아니면 일단 차를 빨리 안전한 곳에 멈출 생각을 할까? 무엇이 옳은가? 사회의 가장 나쁜 것을 하나씩 지워가는 것이 닫힌사회에서 열린사회로 가는 지름길인 것이다.

내가 생각하는 공동체는 어떤 이념으로 움직일 수 있는 울타리가 아니다. 엄청난 부자가 전 재산을 내놓고 병든 자들을 돕고 품는 행동을 볼 때 어찌 이것을 하나의 이념 같은 것으로 판단할 수 있는가? 사회적 약자들이 거리에 쏟아져 나와 연대하고 서로를 보듬는 행동 역시 어찌 이념으로 해석할 수 있는가? 이것은 인간이 인간을 향한 연민, 우리가 인간이기에 당연히 갖는 고귀한 감정이다.

이 감정 하나만으로도 좋은 공동체는 충분히 만들 수 있다. 역사, 문학, 철학책을 보다 보면 인류 역사에 등장하는 수많은 도덕주의자의 삶과 사상을 만나게 된다. 이들로 인해 인류는 사랑으로 결합하기도 하고, 갈등을 빚고 전쟁을 하기도 한다. 여기에서 진짜와 가짜를 구분할 수 있어야 한다.

그걸 정리하면 다음과 같다. 첫 번째, 가짜는 맹목적이다. 진짜는 인간적이다. 두 번째, 가짜는 교리를 세운다. 진짜는 실천한다. 세 번째, 가짜는 권위적이다. 진짜는 자기반성적이다. 이런 세 가지 특징이 종합되어 가짜의 도덕은 종국에는 폭력을 앞세워 권력을 추구하는 것으로 나아가고, 진짜 도덕은 '이미 그 자체'로 완성된다. 가짜는 '수단'일 뿐이고, 진짜는 '목적'이었기 때문이다.

라파엘로 *Raffaello Sanzio, 1483-1511*의 그림 〈아테네 학당〉에서 플라톤은 하늘, 아리스토텔레스는 땅을 가리키는 장면은 너무나 유명하다. 철학사의 위대한 저서인 『니코마코스 윤리학』에서 아리스토텔레스는 플라톤의 원형론*idea*을 비판한다. '좋음'이라는 것은 하나로 통일될 수 없다는 것이 그의 요지인데, 만약 그렇다면 모든 학문을 총괄하는 '좋음학' 또는 '원형학'이 있어야 한다는 것이다.

그러나 수학자가 봤을 때의 좋음, 과학자가 봤을 때의 좋음, 인문학자가 봤을 때의 좋음은 모두 다르다. 쉽게 이야기해서 체육학에서는 경기력 향상을 위한 좋음으로 학생들을 가르치지만, 그것이 의학 차원에서 인간의 몸에 가장 좋은 것은 아니라는 의미이다.

이렇듯 모든 학문에서 통일된 '좋음'을 뽑아내는 것은 불가능하다. 이 간단한 논리로 아리스토텔레스는 이미 2,300년 전에 절대주의를 반박했다. 그래서 아리스토텔레스에게는 하늘에서 내려오는 이상적 이데아가 지식이 아니라, 땅에서 거두는 경험이 곧 지식이 된다.

현대 사회에서도 우리는 이 간단한 진리를 종종 모르고 지나친다. 소위 '전문가적 식견'이라는 것의 한계는 자기 전문적 범주로 좋음을 재단한다는 데 있다. 그러나 다른 전문성의 시각에서 보면 그것은 절대적으로 좋은 것이 아닐 수도 있다. 그러므로 관점의 다양성을 배격할 때 맹목이 발생한다. 하나만 판 사람이 맹신에 더욱 쉽게 빠져드는 이유다.

분업과 전문성이 철저히 분리된 현대 사회에서는 이런 '전문적 맹목'이 더욱 심화될 위험이 있다. 그래서 우리는 지식 앞에 더욱 겸손해야 한다. 이것을 인지하고, 우리는 자신의 전문성에 대한 궁핍함을 스스로 의심할 수 있어야 한다. 그럴 때 타인의 이야기에 진정으로 귀 기울일 수 있다.

관점의 다양성과 통섭의 지혜란, 이렇듯 내가 아는 '좋음'

의 한계를 아는 것이다. 이것이 소크라테스가 말한 '내가 모른다는 것을 아는 것', 즉 '무지의 지'의 상태이다. 그것은 아리스토텔레스가 가리킨, 우리가 발 딛고 서 있으며 경험하는 이 땅의 지식을 존중할 줄 알 때 생긴다.

타인의 경험
안다는 건 타인의 말을 듣는 것

우리는 서로를 더 이해하기 위해 열린사회로 나아가야 한다. 그것은 먼저 서로의 언어를 이해하는 것에서 출발해야 하지 않을까? 비트겐슈타인은 인간은 태어나면서부터 언어 게임 Language Game을 한다고 생각했다. 언어를 통해 서로의 맥락을 파악하고 세계의 구상(그림)을 찾아간다는 의미다. 이로써 마치 매일 추리게임을 하듯이 타인과 의사소통한다는 것이다. 다만 비트겐슈타인은 이것이 공허한 맥락 안에서 매일 반복된다고 생각했다. 쉽게 이야기하면 각자가 '동상이몽'을 하는 언어의 맥락이 있다는 것이다.

예를 들어 우리 사회에서는 아마도 '자유'라는 말이 대표적일 것이다. '자유'라는 단어의 게임 규칙이 정치적 성향에 따라 다르기 때문이다. 어떤 사람들은 '보편적 자유'가 진정한 자유라고 생각하고, 또 어떤 사람들은 '개인의 자유'가 진정한 자유라고 생각한다. 다소 극단적인 사람들에겐 '자유'란 '강자의 자유'를 의미하기도 한다. 기득권이 기득권을 누릴 수 있는 자유, 강자가 약자를 지배할 수 있는 자유 등이다. 예전에 어떤 명문대생이 "학벌에 따라 지원할 수 있는 직업이 달라야 한다."라는 주장을 해서 한동안 온라인에서 논란이 된 적이 있다. 바로 이런 맥락에서 여실히 드러난다. 그는 그것이 진정 자유라고 믿을 것이다. 무한 경쟁을 통해 차별할 수 있는 자유를 믿는 사람이다.

반면에 보다 진보적인 삶의 철학을 가진 사람들에게 자유란 억압받지 않을 자유, 누구에게나 같은 기회가 주어질 자유 등을 의미한다. 이들에겐 어떤 때에나 차별받지 않을 자유를 뜻한다. 그래서 보수적인 가치관을 가진 사람들일수록 '평등'이란 단어는 자유에 반하는 것이 되고, 진보적인 가치관을 가진 사람들일수록 평등은 '적극적 자유'의 실현이 된다. 자유라는 단어를 통해 완전히 다른 해석을 내놓는 것이다. 이것이 비트겐슈타인의 "언어는 규칙을 품고 있다."라는 개념의 의미다. 그가 게임이라고 표현했듯이 이런 규칙은 '소통의 룰'이 된다.

문제는 이것이 '기표'로 드러나는 것이 아니라 '기의'의 문제로 사회 속에서 표현되지 않고 숨어 있다는 점이다. 그래서 진보와 보수가 이야기를 나누다 보면 화만 나게 된다. 마치 서로 다른 게임 규칙에 따라 탁구 경기를 하는 것과 같기 때문이다. 그래서 서로가 반칙한다고 생각한다.

결국 언어의 규칙이 같아야 한다. 사실 '자유'라는 단어는 이미 존 스튜어트 밀*John Stuart Mill, 1806-1873*이 "타인의 자유를 침범하지 않는 선에서 자유"라는 '자유의 황금률'을 제공했다.

그런 점에서 누군가를 차별할 수 있는 자유는 그 자체로 내부모순에 의해 연속성에서 탈락하고 만다.

어떻든 '자유'라는 단어의 통일된 규칙이 필요하다. 결국 기의의 문제이다. 어떤 기의가 문화 전반에 더욱 강력하게 작동하느냐에 따라 결국 일상 규칙이 결정된다. 밈^{meme}이라는 단어가 있다. 온라인상에서 오랫동안 도는 기억에 남는 그림이나 문구, 또는 웃긴 짤 등을 이야기할 때 보통 쓰는 말이다. 이 용어를 처음 만든 사람은 진화생물학자 리처드 도킨스이다.

그는 인간이 육체적 DNA로 진화했듯이 정신의 DNA가 있다고 생각했다. DNA가 자연선택을 통해 복제되듯이 강력한 정신의 DNA가 복제되는 현상을 말한다. 이것이 문화 유전자 밈이다. 이 문화 유전자는 세대를 거쳐 인간의 정신세계를 지배한다. 가장 강력한 밈이 오랫동안 전승된다. 밈은 그냥 웃긴 짤 같은 것이 아니라 정신의 경기장, 기의의 게임인 것이다.

이렇듯 인간의 정신세계와 그 정신세계가 이룬 문화는 '언어게임'의 현장이다. 다만 이 게임은 적대적인 게임이 아니라, 서로 맥락을 이해해 나가고 공통의 합의를 이루는 소통을 위한 경기이다. 그래서 우리는 오늘도 타인을 이해하기 위해 그가 쓰는 언어의 의미를 유심히 관찰해야 한다. 타인이 쓰는 단어만 듣고 "어떻게 그런 소리를 할 수 있어?"라고 화부터 내는 건 소통의 좋은 출발이 아니란 이야기다. 한 인간은 자신이 살면서 경험한 것 이상의 지각을 얻는 게 어렵기 때문이다. 18세기 영국 경험주의 철학자 데이비드 흄 David Hume, 1711-1776은 이런 말을 한다.

"마음속으로 우리가 느끼는 이런 정결, 다시 말해서 한 대상으로부터 그것에 항상 뒤따라 나오곤 했던 것으로의 상상력의 습관적 전이는 정서 또는 인상인데, 이것이 바로 필연적 연관성에 대한 관념을 만들어 내는 정서 또는 인상이다."[97]

이 문장에서 대부분의 지각은 인식 주체가 어떤 경험을 했느냐에 따라 달라진다는 것을 알 수 있다. 실제로 이는 물리 세계를 인식하는 경향성에도 영향을 미친다. 2년 전 온라인에서 뜨거운 논란이 됐던 '드레스'가 있다. 스코틀랜드 가수 케이틀린 멕네일Caitlin McNeil, 1993-이 SNS에 드레스 사진을 올렸는데, 사람들은 이 드레스가 파란색·검은색이냐, 하얀색·금색이냐로 갑론을박했다. 어떤 이들에게는 파란색·검은색으로, 어떤 이들에게는 하얀색·금색으로 보인 것이다. 밝혀진 사실은 사실 파란색과 검은색이었다.

그런데 절반 가까이가 이 드레스를 하얀색과 금색으로 인식했다. 왜 그랬을까? 이는 뇌가 평소 경험을 산출해 지각

---

[97] 데이비드 흄, 『인간의 이해력에 관한 탐구』, 김혜숙 옮김, 지식을 만드는 지식, 2012, p.130.

을 보정했기 때문이다. 평소 역광에 익숙한 사람들이 그 경험을 바탕으로 뇌에서 색을 보정한 것이다. 이는 앞서 말한 대로 평소 어떤 환경에 익숙하냐에 따라 우리의 지각 경험이 바뀔 수 있다는 것을 의미한다. 즉 인간은 '경험=지각'의 공식 안에 있다. 그렇다면 어떻게 인간은 객관적 사실을 도출해 낼 수 있을까? 모두가 다른 경험을 하는데 말이다?

크리스 프리스Chris Frith 유니버시티 칼리지 런던 신경심리학 명예교수는 핵심 이유로 인간 특유의 소통 능력을 꼽는다. 인간은 자신의 경험 이상의 실체를 알아내기 위해 타인의 경험과 비교 대조하며 보정한다는 것이다. 이것이 다른 동물에게는 없는 인간만의 특수성이다. '집단 지능' 혹은 '집단 지성'collective intelligence인 것이다.

인간의 문명이라는 것도 모든 인간 경험의 비교 총합이라 볼 수 있다. 미국 다트머스 대학의 제레미 데실바Jeremy DeSilva 박사는 인간의 두뇌는 3,000여 년 전부터 작아지기 시작했는데, 그 원인이 협력적 지능의 발달로 인류가 뇌 용량을 분담했기 때문이라는 연구 결과를 발표했다. (근데 난 왜 머리가 큰지 모르겠다…. 그만 알아보자….) 이렇듯 인간 문명의 발전은 반드시 타인과의 소통을 전제로 할 수밖에 없다. 그렇지 않고서는 한 인간의 인식적 경험이 결코 객관적 진리로 나아갈 수 없다.

이는 잘못된 신념에 대한 가장 중요한 기준이 되기도 한다. 한 개인이 본다는 것이 얼마나 취약하고 믿을 게 못 되는가? 무엇인가 판단하기 전에 선 객관화가 있어야 하는 이유다. 주관적 경험은 오직 하나의 지각 경험 이상의 시사점을 주지 못한다는 한계가 있기 때문이다. "내가 보았으니까, 내가 들었으니까" 식의 논리는 사실 매우 편협할 수밖에 없다. 그래서 우리는 언제나 늘 함께 소통하며 연대적 탐색을 해야 한다.

나는 누구나 좋은 글을 쓸 수 있다고 생각한다. 글은 기술이 아니라고 생각하기 때문이다. 다만 기본을 지키면 된다. 많이 읽어야 한다. '항아리의 원리'일 뿐이다. 텅 빈 항아리에 물을 계속 채우면 넘치게 마련이다. 이는 그저 '정신의 생리학'이다. 계속 읽고 생각하다 보면 그 자신의 생각 항아리가 넘치게 되고, 그것을 그저 담으면 모두 당신의 글이 된다. '쓰기' 시작이 '읽기'인 것이다. 읽지 않고서 쓰겠다고 하는 것은 걷지 못하는 사람이 달리겠다고 하는 것과 같다. 글(정신)은 어느 날 특정한 누군가에게서 불현듯 나오는 것이 아니라 여러 세대를 거쳐 새로운 표현으로 전달되는 것이기 때문이다. 우리도 그 '중간지'일 뿐이다. 그러므로 아무것도 채워 넣지 않으면 아무것도 나올 수 없다. 글이라는 결과가 중요한 것이 아니라 생각이라는 과정이 중요하다. 글이라는 것은 무엇인가? 바로 타인의 생각이다.

 그래서 인류의 현자들은 언제나 자신의 경험 이상의 것을 사유하기 위해 노력했다. 타인의 경험을 경청하고 자신 경험 밖의 세상을 알기 위해 깊은 사유를 했다. 그리고 부지런히 경청했다. 그것이 '공부'라는 것이다. 생각해 보자. 공부 없이 내 경험 밖의 세상을 어찌 알 수 있을까?

타인의 경험을 공부하지 않는 이는 그게 무엇이든 하나의 경험이 준 지각에 갇혀 있을 확률이 높다. 그래서 우리에게는 평생 학습이 필요하다. 주관적 경험에 갇힌 지각을 벗어날 수 있는 유일한 방법은 '타인의 경험'밖에는 없기 때문이다.

노자는 "불출호지천하"不出戶知天下라는 말을 했다. "집을 나서지 않아도 천하를 알 수 있다."라는 이 구절은 지식의 본성을 잘 설명해 준다. 지식이란 '간접 경험'이다. 인간을 제외한 모든 동물은 자신이 보지 못한 것은 머릿속에 떠올릴 수 없다. 정글에 사는 호랑이는 밀림의 사자를 상상할 수 없다. 하지만 인간은 이를 알 수 있다. 누군가가 이야기한 내용을 머릿속에 떠올릴 수 있기 때문이다. 이것이 '언어의 힘'이다. 고대 마케도니아의 알렉산더 Alexander III Magnus, BC 356~323 대왕은 인도 원정을 떠날 때 먼저 보낸 병사들이 인도의 지리와 처음 보는 동물 등을 알려 주었다. 이를 통해 코끼리와 원숭이가 전쟁에 동원된다는 것을 알 수 있었다.

칸트는 평생 자신이 살던 쾨니히스베르크[98]를 떠나지 않았다. 그럼에도 그는 지리학 교수가 됐다. 그가 설명한 웨스트민스터 다리 풍경이 얼마나 실감 났든지, 영국인들이 칸

---

98 독일의 옛 도시로 1945년까지 동프로이센의 수도였다.

트가 수시로 영국을 드나드는 줄 알았다고 한다. 칸트는 이런 풍경을 타인의 글로 경험한 것이다.

또한 우리가 타인의 이야기에 귀 기울여야 하는 이유는 자신에게 이득이 되기 때문이다. 들어주는 것이야말로 관계의 성공을 향한 지름길이다. 언어는 서로에게 개별적이다. 모두에게 같은 의미로 떨어지는 단어는 존재하기 어렵다. 사람은 자신이 경험하고 이해하는 최선에서 언어를 활용한다. 그러므로 소통이란 '상호 호환'되는 언어를 찾는 과정이다. 상대의 맥락을 파악할 때 언어의 교착상태가 해소된다.

친한 친구끼리 흔히 쓰는 표현 중에 "죽을래?" 같은 다소 격한 표현들이 있다. 이 이야기를 듣고 실제 목숨의 위협을 느끼는 사람은 없다. (마동석이나 박성웅은 예외로 해두자.) 결국 문해력이란 타인의 말을 이해하는 과정이다. 그러므로 먼저 듣는 사람이 언제나 관계를 주도한다. 듣지 않는 사람의 말은 늘 상대의 귀에서 흩어지나, 듣고 이해하는 사람의 말은 언제나 상대의 마음에 닿아 그를 움직이기 때문이다.

친절한 어법은 타인을 위해서가 아닌 나를 위해서 꼭 필요한 태도이다. "웃는 얼굴에 침 못 뱉는다."라는 옛말이 있다. 그러나 아주 가끔은 웃는 얼굴에 침 뱉는 사람도 있다. 이런 사람들을 구별하기에도 친절이라는 거름망이 필요하다. (나에 대한 반발인지 아니면 원래 성격이 빌런인지 알 수 있다.) 인생은 나의 동력과 그로 인한 반발력으로 구성되기 때문이다. 나에게서 나쁜 말이 나가면 그 강도에 맞는 반발력이 돌아온다.

  거칠게 달리는 이에게 바람은 거칠게 대답한다. 사실 타력이 자력이다. 내가 호수고 세계는 그 안에 담긴 현상이다. 그래서 내가 우선 스스로 맑아야 한다. 그래야 흙탕물도 보이고 때론 진주도 발견할 수 있다. 그리고 그의 경험을 내 것으로 만들 수 있다. 경험은 마음을 열고 듣는 것이다.

지식의 목적
사랑을 위해 공부해야 한다

삼권분립의 체계를 세운 법학자이자 계몽 철학자인 몽테스키외 Charles-Louis de Secondat, 1689-1755는 이렇게 이야기한다. "무지는 인간을 비정하게 만들고, 지식은 인간을 관대하게 만든다." 그의 지혜를 숙고하면 우린 타인에게 공감하기 위해 공부해야 한다. 세계의 특질은 다양성이다. 그 다양성을 알아가는 것이 지성적 활동이다. 폭력은 가장 무지한 자의 표상이다. 그런 점에서 통일화와 획일화는 가장 반지성적 활동일 수 있다. 자신의 사상 안에서 타자를 교정의 대상으로만 바라보기 때문이다.

질 들뢰즈는 세계의 본질은 이상의 통일화가 아닌 '차이와 반복'에 있다고 했다. 각자의 차이(다양성) 안에 반복(유사성)을 내포하고 있다는 뜻이다. 유사성 안에 차이가 있는 것이 아니라 차이 안의 유사성을 발견하는 것이다. 이것은 관점의 변화를 요구한다. 수직적 사고가 아닌 수평적 시야가 요구된다. 공통점 안에 차이를 교정하는 것이 아니라 차이를 먼저 인정하고 공통분모를 찾아야 한다. 그런 점에서 나라는 주체와 타자 사이의 차이를 이해하고, 유사성 안에 공존할 수 있는 해법을 찾아가야 한다. 그것이 관계의 본질이다.

버트런드 러셀도 『나는 무엇을 위해 살아왔는가』에서 "훌륭한 삶이란 사랑으로 힘을 얻고 지식으로 길잡이를 하는 삶"[99]이라 말한다. 사랑을 하면 누군가를 돕고 싶고, 방법을 찾느라 당연히 지식을 탐구하게 된다는 것이 그 이유다. 그래서 그는 지식 없는 자비심을 경계한다. 오히려 타인들에게 해를 끼칠 수 있다는 것이 그의 설명이다. 이런 러셀의 시선을 사유하면 '사랑의 증거는 지식'이 된다.

존 스튜어트 밀의 아버지, 제임스 밀 _James Mill, 1773-1836_ 은 어린 아들에게서 천재적 재능의 싹을 알아보았다. 그는 일반 교사들로는 이 아이를 가르칠 수 없다고 생각했다. 그렇게 밀의 교육은 아버지에 의해 철저히, 엄격하게 진행된다. 아버지는 아들에게 고전 언어, 논리학, 정치경제학, 철학, 과학, 심리학 등 모든 분야를 주입했고, 밀은 채 10살이 되기 전에 이미 대부분의 고전 이론을 꿰뚫고 있었다. 그리고 14세에는 아버지와 나란히 공동 저작자로 이름을 올리기에 이른다.

그러나 그토록 조기 개화한 정신은, 너무 일찍 공허함도 깨달았다. 이미 모든 것을 알아버린 듯한 그에게 지식은 더 이상 동기를 주지 못했다. 학문이란 무엇인가. 진리는 무엇

---

[99] 버트런드 러셀, 『나는 무엇을 위해 살아왔는가』, 최혁순 옮김, 문예출판사, 2023, p.66.

을 위한 것인가, 그저 성공과 명예를 위한 것인가. 그 질문 앞에서 그는 침묵했고, 무너졌다. 그렇게 깊은 허무 안에 갇히고 만다. 그는 공부를 그만둔다.

  그런 그를 구원한 것은 바로 문학과 사랑이었다. 그는 낭만적인 문학에 심취하면서 진짜 인간에 대해 배웠고, 아내와의 사랑을 통해 학문이 나아갈 길이 무엇인지 깨달았다. 그로 인해 다시 학문에 몰입할 수 있게 된다. 그렇게 탄생한 저서가 여성 해방을 다룬 『여성의 종속』과 불후의 명저 『자유론』이다. 자유론 서문에는 죽은 아내에 대한 애절한 마음을 담아 이렇게 적었다. "이 책은 내 아내의 정신과 함께 썼다." 진짜 학문은 머리가 아닌, 인간의 심장 안에 있다.

버트런드 러셀
연민의 철학자

"두려움을 극복하는 것이 지혜의 시작이다."

러셀의 말이다. 내가 가장 좋아하는 글귀이자, 책상에 늘 두고 하루를 시작할 때 사유하는 첫 문장이다. 어째서 두려움을 극복하는 것이 지혜의 시작인가? 처음 이 말을 접했을 때 이해하지 못했다. 두려움을 극복하는 것은 용기의 시작일 수 있어도 지혜의 시작이라니? 이 말을 시간이 흐르면서 천천히 깨닫게 됐다. 우리가 어떤 새로움을 만나기 위해 처음 해야 하는 것은 바로 경계를 넘어서는 일이다.

노엄 촘스키는 지성인의 조건은 "불이익을 감수하고 언제나 진실을 말할 수 있는 태도에 있다."라고 했다. 여기서 중요한 것은 불이익을 감수하는 용기이다. 지성인의 제일 조건은 지식 이전에 용기란 이야기다. 지성인과 지식 판매상은 여기에서 나뉜다.

기존에 가지고 있던 관습, 전통, 교육, 이 모든 것에 얽매여 있는 한 성장은 어렵다. 우리는 성장하기 위해서 선을 넘을 용기가 필요하다. 왕자로 태어난 고타마 싯다르타는 안락한 왕국을 버리고 거리로 나갔다. 엄청난 두려움이 엄습했을 것이다. 그러나 그는 지혜를 찾고자 그 두려움과 마주했다. 그리고 '깨달은 자' 붓다가 되었다. 예수는 홀로 광야로 나아가면서 그 적막함의 공포와 정면으로 마주했다. 결국 그는 두려움을 극복하고 민중의 구원자가 되었다.

나도 한때 죽음이 무척 두려웠다. 그것을 극복하고자 철학을 공부했다. 죽음에 대한 다양한 사유와 마주했고, 그것을 내 것으로 만들었다. 나는 더 이상 죽음이 두렵지 않다. 죽음이라는 것이 나에게 무엇이고, 어떤 의미를 지니는지를 깨달았기 때문이다. 우리 일상도 마찬가지다. 우리가 무엇인가 막연히 두렵다면 우리가 그것에 대해 잘 모르기 때문이다.

성인이 된 후 첫 사회생활을 떠올려 보자. 남자들은 훈련소에 처음 발을 디뎠을 때 그 막연한 두려움을 기억해 보자. 그것을 어떻게 극복했는가? 시간이 지나며 배웠기 때문이다. 나를 둘러싼 두려움의 이면을 파악하고 그것의 실체를 파악하는 순간, 두려움은 사라지고 지혜는 시작된다. 인간의 두려움은 무지와 그 무지에 대한 상상력에서 오기 때문이다.

버트런드 러셀만큼 열정적으로 용기를 실천하며 산 이도 드물 것이다. 그는 영국 귀족 가문에서 태어났다. 소위 다이아몬드 수저로 태어나 남 부러울 것 없는 유년 시절을 보냈다. 그는 당시 영국 귀족사회가 그러하듯 제국주의자로 성장한다. 그는 이미 대학 시절부터 최고의 두뇌로 인정받았다. 젊은 나이에 수학자 화이트헤드*Alfred North Whitehead, 1861-1947*와 함께 그 유명한 『수학의 원리』를 공동 집필하고 세계적인 학자 반열에 오른다. 이 책은 철학과 과학의 역사에 중요한 자리를 차지하게 된다.

그런 그는 어느 날 독특한 경험을 하게 된다. 화이트헤드의 집에 놀러 갈 때면 그의 아내 대신 아이를 돌봐주곤 했다. 화이트헤드의 아내는 심장병이 있었기 때문이다. 그러다 홀로 외로이 침대에 앉아 고통스러워하는 화이트헤드의 아내를 무심코 쳐다보았는데, 러셀은 그 순간이 자신의 인생을 변화시켰다고 말한다. 어떤 영적인 체험을 하게 된 것이다. 러셀에 따르면 그녀의 일그러진 얼굴을 보는 순간 온 땅이 꺼지는 기분이 들었다고 한다. 그는 이날을 "인간 실존의 깊은 고통과 마주하게 된 날"이라 말한다.

그 경험은 러셀에게 인간에 대한 무한한 연민의 감정을 선사했다. 그 후 그는 제국주의자에서 사회주의자로 전향한다. 제국주의의 확장으로 고통받는 사람들의 모습이 그의 마음에 들어왔기 때문이다. 그는 이제 제국주의와 싸우기 시작한다.

당시 유럽 지식사회는 광풍처럼 부는 마르크스-레닌주의에 매료되어 있었다. 사회주의자였던 러셀은 새로운 유토피아를 눈으로 확인하고 싶었다. 그러나 소련으로 가는 배에 올라탄 그가 본 공산주의의 현실은 디스토피아였다. 그는 레닌을 직접 만나 그의 지적 능력이 상당히 모자란다는 것을 확인했고, 전체주의로 흐를 소비에트의 미래가 암울하다는 것을 정확하게 예측한다. 그의 이런 견해는 많은 사회주의자를 실망하게 만든다. 그는 어떤 거창한 이념에도 경도되지 않는 날카로운 지성의 소유자였으며, 동시에 뜨거운 휴머니스트였던 것이다.

러셀은 이후 평생을 반전 운동에 헌신한다. 거의 모든 전 세계 전쟁에 개입한다. 그는 일생을 전 세계 사상 탄압을 받는 사람들을 위해 투쟁한다. 그래서 영국과 미국 정부는 그를 핍박한다. 대학에서도 수차례 쫓겨난다. 그럼에도 러셀은 온 정력을 바쳐 전쟁 속에서 고통받는 사람들을 위해 산다. 그렇게 그는 세계적인 자유의 투사요 평화주의자의 대명사가 되었다. 그런 그도 놀랍게도 일생에 딱 한 번 전쟁에 찬성한다. 이것으로 인해 원칙을 깼다며 많은 비난을 받는다. 그러나 그가 찬성한 전쟁이 바로 '나치'와의 전쟁이다.

그는 독일에서 나치당이 출현했을 때부터 그들이 '절대악'임을 읽을 수 있었다고 한다. 그의 표현에 따르면 "알 수 없는 혐오감이 마음속에서부터 깊이 솟아났다."라고 한다. 평화로는 도저히 해결할 수 없는 어떤 거대한 악의 세력이라 판단했다고 한다. 이후 평화 집회 연설만 하던 러셀은 영국군 앞에서 연설을 한다. 처칠과 영국 정부는 환호한다. 그리고 비록 짧았지만 그 또한 공군으로 입대한다. 그의 놀랍도록 현실적이고 균형적인 지적 감각을 엿볼 수 있는 대목이다.

그리고 2차 세계대전이 끝나고 그는 다시 핵확산 저지 운동에 뛰어든다. 그 때문에 다시 영국과 미국의 핍박을 받는다. 그는 전 세계 지식인들의 서명을 받기 위해 비행기에서 살다시피 한다. 세계적인 지식인들을 논리로 '각개격파'해 가며 사인을 받아낸다. 그의 최종 목표는 아인슈타인이었다. 수많은 만남과 설득 토론 논쟁, 그러나 아인슈타인만큼은 쉽게 넘어오지 않았다. 그러던 어느 날 마지막으로 아인슈타인을 설득하기 위해 비행기에 오른 러셀에게 비극적인 소식이 도착한다. 아인슈타인이 사망했다는 뉴스가 속보로 타전된 것이다.

망연자실해 있던 그에게 편지 한 통이 도착한다. 놀랍게도 바로 아인슈타인의 서명이었다. 죽기 전 그가 마지막으로 한 일이다. 이것이 그 유명한 '러셀-아인슈타인 평화선언문'이다. 이 선언문은 서구 제국주의자들에게 큰 부담으로 작용한다. 오늘날 이것은 아인슈타인의 대표성으로 이야기되지만, 사실 러셀의 작품이라 말할 수 있다.

러셀의 이런 집념은 결국 UN 설립으로 첫걸음을 맺는다. 이후에도 러셀은 베트남 전쟁 및 세계 각국에서 일어나는 전쟁을 해결하고자 노력한다. 80세가 넘는 나이에도 집회 연설은 언제나 그의 몫이었다. 그는 노령의 나이에도 감옥에 갇히는 것을 마다하지 않았다. 그는 평생 세계적 이슈와 온몸으로 씨름하면서도 비트겐슈타인 같은 걸출한 제자들을 키워냈다. 가난한 지식인들을 남몰래 후원했으며, 또한 수많은 명저를 남기며 노벨문학상을 수상하기도 했다.

그런 그가 90세가 넘어 쓴 자서전에는 격동의 한 세기가 담겼다. 무려 백 년의 현대사가 담긴 것이다. 그가 만나고 사귀고 싸우고 했던 인물들은 모두 역사책에 나오는 인물들이다. 그래서 그의 자서전은 한 사람의 자서전을 넘어서는 현대 지성사의 보고라 평가받는다. 또한 그의 자서전에는 러셀의 인간적 면모가 고스란히 담겨 있기도 하다. 자신이 살아오면서 느꼈던 모든 감정이 세세하게 기록되어 있다. 수학에 대한 사랑, 지적 야망, 철학적 사유, 평화 운동, 고통스러운 가정사, 여기에 자유 사랑꾼이었던 그가 연인들과 나눈 뜨거운 사랑과 헤어짐까지 말이다. 심지어 다소 지질했던 모습까지 남김없이 기록하고 있다.

위인으로 추대받는 사람이 자신의 자서전을 쓰면서 굳이 이야기하지 않아도 되는 자신의 사생활과 치부까지 모두 공개하는 것은 대단한 용기가 필요한 일이다. 이렇게 솔직한 자서전은 아마 그 어디에도 없을 것이다. 그래서 나는 러셀이 참 좋다.

우리 시대에서 가장 활동적인 사회 참여를 보여주는 대표적 지식인은 노엄 촘스키이다. 그는 '모두 까기'로 유명한데, 특히 세계적인 학자들마저 바보, 촌뜨기라며 거센 비판을 하는 독설가이다. 그런 그의 집무실에는 그가 존경한다는 인물의 사진이 딱 한 장 걸려 있다. 바로 버트런드 러셀이다. (물론 나의 책상에도 있다.)

러셀은 차가운 이성으로 세상을 바라봤고, 가장 뜨거운 심장으로 세상을 품었다. 그런 그의 삶을 통해 배운다. 그래 인생은 뜨겁게! (러셀 자서전 한국판 제목이다)

"단순하지만, 누를 길 없이 강렬한 세 가지 열정이 내 인생을 지배해 왔으니, 사랑에 대한 갈망, 지식에 대한 탐구욕, 인류의 고통에 대한 참기 힘든 연민이 바로 그것이다. 이러한 열정들이 마치 거센 바람과도 같이 나를 이리저리 제멋대로 몰고 다니며 깊은 고뇌의 대양 위로 절망의 벼랑 끝으로 떠돌게 했다."

"성인들의 시인들이 그려온 천국의 모습이 사랑의 결합 속에 있음을, 그것도 신비롭게 축소된 형태로 존재함을 발견할 수 있었기 때문이다."

"사랑과 지식은 나름대로의 범위에서 천국으로 가는 길로 이끌어 주었다. 그러나 늘 연민이 날 지상으로 되돌아오게 했다."[100]

- 버트런드 러셀

---

100   버트런드 러셀, 『인생은 뜨겁게』, 송은경 옮김, 사회평론, 2014, pp.8~9.

「에필로그」
당신은 이야기다

인생은 사계절을 닮아서

모든 것이 화사했던

봄빛 유년을 건너

이글대는 대지를 딛고 한여름 밤 꿈,

청춘의 태양 속을 여행하고

중년의 진홍색 지혜로 영글어 가는

가을로 걸어 나와

노년에 이르러 차가운 겨울,

남겨질 사랑들의 두꺼운 외투를 짠다.

그렇게 나와 함께 시들어 갈

모든 것들을 품어내어

언제인가 나에게도 내릴

백발의 눈과 함께

시간의 풍경을 완성해 가겠지

세상에 내린

나라는 계절.

   끝으로 제가 발견한 삶의 의미를 말해볼까 합니다. 저는 인간이 사는 목적을 두 가지로 받아들입니다. 첫 번째는 지혜이고, 두 번째는 사랑입니다. 수많은 철학자와 대화하며 어느 날부터 그렇게 믿어지기 시작했습니다. 그들의 말을 종합해 보고 저 역시 사색을 통해 얻은 결론입니다. 그래서 저의 하루는 이것을 찾아가는 여정입니다.

매일 공부하며 사색하는 이유는 계속 지혜 속을 걷기 위해서입니다. 이는 지식과는 다른 것입니다. 무엇인가 외적 성과를 내기 위해 공부하는 것이 전혀 아니기 때문입니다. 심지어 작가로서 책을 쓰기 위해 공부하는 것도 아닙니다. 그저 나를 실현하기 위해 공부를 할 뿐입니다.

무지의 장막에 갇혀 있을 때는 세상이 하라는 대로 하며 살았습니다. 이런 공부를 통해 이제는 그 뒤를 볼 줄 아는 시야를 조금이나마 얻었습니다. 그것이 지혜인 것 같습니다. 영화 〈매트릭스〉에서 주인공 네오는 영화 마지막에 자기가 보는 세상 뒤에 움직이는 코드를 읽어낼 수 있게 됩니다. 그리고 그는 그 세계를 날아다니기 시작합니다. 바람처럼 말입니다. 이 영화가 처음 개봉했을 때 문화계를 넘어 오히려 철학계가 들썩였던 이유입니다.

저는 이 장면이 지혜에 대한 은유라고 생각합니다. 즉 저의 삶도 세계-내-존재로서 태어나 세계-너머-존재로 향한 길을 찾는 데 있습니다. 그렇다면 이런 지혜는 왜 필요할까요? 이 근본 이유에 세계의 진실이 숨어 있다고 생각합니다. 그것은 바르게 사랑하기 위해서라고 생각합니다. 바르게 알아야 바르게 사랑할 수 있습니다. 그리고 그것이 제 생을 구원할 것입니다. 저는 죽음 앞에 섰을 때 이것이 저의 생멸 가운데 깊은 위로가 되어줄 것 같은 걷잡을 수 없는 강한 영감을 받습니다.

우리가 보는 별빛은 수천 년 전의 빛입니다. 어쩌면 이미 죽었을지도 모릅니다. 사라진 별이 그 광채를 뿜어내며 자신의 삶을 불태웠고, 그 빛이 우주의 광활한 시공을 지나 현재 우리에게 도달한 것입니다. 태양 빛은 8분 전 태양이 뿜어낸 빛입니다. 태양의 현존재는 더 이상 그 빛과 함께하지 않습니다. 하지만 지구의 생명은 그 빛으로 광합성을 하고, 창조적 잉태를 합니다.

저는 삶도 이와 같다고 생각합니다. 현재 내가 뿜어낸 빛은 그 누구에게도 닿지 못할 수 있습니다. 하지만 세계의 시공 속에서 그것은 누군가에게 반드시 도달할 것이고, 결국 꽃을 피워낼 것입니다. 우주의 삶과 죽음은 영원의 시간 속에서 서로 공존합니다. 또한 이것이 죽음이라는 한계를 넘어서는 생명의 실존 방식이기도 합니다. 우리도 그렇게 살아야 합니다. 밝게 빛나는 별처럼 말입니다. 여기까지의 제가 마음속에 품고 있는 '나라는 존재의 의미'입니다.

제가 발견한 삶의 의미처럼 독자 여러분도 여러분만의 삶의 의미를 발견했으면 좋겠습니다. 그것이 본 저서를 집필한 목적입니다. 여러분들에게 주어진 시간 속에서 자신의 의미를 완성해 가길 바랍니다. 그 의미는 여러분의 삶에서 연주하는 음악과 같습니다. 우리가 느끼는 모든 쾌감은 시간의 흐름에 영향을 받습니다. 음계는 그 순간 소리를 내지만, 다음 나오는 음계와 융합되면서 이 시간의 혼합으로 우리에게 전달됩니다. 이는 전음이 미래로 던져지면서 후음을 끌어당겨 현재적으로 완성되는 것입니다.

음악은 시간의 예술입니다. 음악의 후렴구가 듣기 좋은 것은 후렴구를 만들어 가는 도입구가 있기 때문입니다. 마찬가지로 영화의 클라이맥스는 그 이전에 쌓은 서사로 인해 더 큰 쾌감을 선사합니다. 한 편의 인생 역시 시간의 예술입니다.

어떤 결과는 어떤 과정으로 왔느냐에 따라 의미가 달라집니다. 그래서 오늘 당신의 노력은 서사가 되며 이것이 당신의 '존재의 의미'를 더 끌어올릴 것입니다. 만약 당신이 태어날 때부터 모든 걸 가졌다면 당신은 더 이상 성취할 것도 없으며 나아갈 곳도 없습니다. 이는 마치 결승선 안에서 태어난 것과 같습니다. 음악이 시작도 하기 전에 연주 끝부분에 있는 것과 같습니다.

많은 사람들은 결과만을 향해 달려갑니다. 그러나 우리를 정작 행복하게 하는 것은 그 결과를 만들어 가는 '연주의 과정'입니다. 당신은 '고정된 사물'이 아닌 '흐르는 이야기'이기 때문입니다. 그리고 당신의 이야기는 아직 끝나지 않았습니다.

미국 시인 뮤리얼 루카이 *Muriel Rukeyser, 1913-1980*는 "우주는 원자가 아닌 이야기로 이루어져 있다."[101]라고 말합니다. 가만

---

101 리하르트 다비드 프레이트, 『너 자신이 되어라』, 박종대 옮김, 열린책들, 2024, 전자책, p.549.

생각해 보면 그의 말은 사실입니다. 인간은 서사 없이 존재할 수 없기 때문입니다. 당신은 당신을 무엇이라 생각하십니까? 당신은 당신을 원자 덩어리라 생각하나요? 아님 세포 분열이 이루어지는 유기체 거품으로 생각하나요? 아니면 눈코입이 달린 영장류의 한 종류로 생각하나요? 이것은 모두 기계적 분류입니다. 우리 모두 그렇게 이루어져 있기에 여기에는 차별점이 없습니다. 즉 당신과 저는 물질적으로 같은 본질일 뿐입니다. 아니 우주의 모든 것이 같은 원자로 이루어진 동일한 본질입니다. 그 차이라는 것은 알고 보면 그저 원자적 뭉침의 변용과 강도일 뿐입니다. 인간이 만약 색감이라는 관념이 없다면 우주의 모든 것이 하나의 코드 배열로 보일 것입니다.

그런데 이 과학적 사실에는 바로 '나'라는 것이 들어 있지 않습니다. 그러나 인간의 정신은 너무나 놀라워서 여기에 서사를 부여합니다. 별을 보고 시를 쓰고, 푸른 바다를 보고 노래하고, 작은 생명을 보고 연민을 느낍니다. 당신은 당신의 자녀를 보며 내 몸에서 분리된 작은 원자 덩어리일 뿐이라고 생각하지 않습니다. 당신은 당신의 자녀를 보고 생의 깊은 의미를 느낍니다. 바로 그 의미가 실재입니다.

여기서 수많은 가치와 차별점들이 파생됩니다. 즉 '나'라는 것은 당신이 당신에게 준 의미, 당신이 기억하는 추억, 사랑, 미래에 나아가야 하는 방향입니다. 이 각자의 이야기가 당신과 저를 구분합니다. 존재하는 것은 존재하나, 실상

실재하는 것은 당신이 세상에 준 이야기입니다. 당신의 몸을 구성하는 원자는 언제인가 모두 흩어지나 당신이 낳은 이야기만은 가족과 동료 그리고 이 우주에 남겨집니다.

참고도서

강신주, 『강신주의 장자수업 1』, EBS
게오르크 헤겔, 『정신현상학』, 김양순 옮김, 동서문화사
노자, 『도덕경』, 소준섭 옮김, 현대지성
데이비드 흄, 『인간의 이해력에 관한 탐구』, 김혜숙 옮김, 지식을 만드는 지식
로베르트 무질, 『소년 퇴를레스의 혼란』, 정현규 옮김, 창비
로베르트 무질, 『특성 없는 남자 1』, 박종대 옮김, 문학동네
롤랑 바르트, 『텍스트의 즐거움』, 김희영 옮김, 동문선
리하르트 다비트 프레히트, 『너 자신이 되어라』, 박종대 옮김, 열린책들
마르쿠스 가브리엘, 『허구의 철학』, 전대호 옮김, 열린책들
마르틴 하이데거, 『존재와 시간』, 전양범 옮김, 동서문화사
모리스 메를로퐁티, 『간접적인 언어와 침묵의 목소리』, 김화자 옮김, 책세상
버트런드 러셀, 『게으름에 대한 찬양』, 송은경 옮김, 사회평론
버트런드 러셀, 『과학이란 무엇인가』, 정석봉 옮김, 사회평론
버트런드 러셀, 『상대성이론 ABC』, 권혁 옮김, 돋을새김
버트런드 러셀, 『인생은 뜨겁게』, 송은경 옮김, 사회평론
베네딕투스 데 스피노자, 『에티카』, 조현진 옮김, 책세상
베르너 하이젠베르크, 『부분과 전체』, 유영미 옮김, 서커스출판상회
볼테르, 『불온한 철학사전』, 사이에 옮김, 민음사
볼테르, 『캉디드』, 고원 옮김, 동서문화사
블레즈 파스칼, 『팡세』, 이환 옮김, 민음사
쇼펜하우어, 『의지와 표상으로서의 세계』, 올재 클래식스

심귀연, 『몸과 살의 철학자 메를로퐁티』, 필로소픽
아리스토텔레스, 『니코마코스 윤리학』, 박문재 옮김, 현대지성
아리스토텔레스, 『형이상학』, 김재범 옮김, 책세상
알베르 카뮈, 『반항하는 인간』, 김화영 옮김, 민음사
알베르 카뮈, 『시지프 신화』, 김화영 옮김, 민음사
앙리 베르그송, 『웃음』, 정연복 옮김, 문학과지성사
앙리 베르그송, 『창조적 진화』, 최화 옮김, 자유문고
에드문트 후설, 『현상학의 이념』, 박지영 옮김, 필로소픽
에리히 프롬, 『사랑의 기술』, 황문수 옮김, 문예출판사
에릭 호퍼, 『길 위의 철학자』, 이다미디어
에릭 호퍼, 『맹신자들』, 이민아 옮김, 궁리출판
에릭 호퍼, 『인간의 조건』, 정지훈 옮김, 이다미디어
윌 듀런트, 『위대한 사상가들』, 김승욱 옮김, 민음사
윌 듀런트, 『철학이야기』, 임헌영 옮김, 동서문화사
유발 하라리, 『사피엔스』, 조현욱 옮김, 김영사
이명곤, 『키에르케고르 읽기』, 세창미디어
이병창, 『헤겔의 정신현상학』, EBS BOOKS
이부영, 『자기와 자기실현』, 한길사
임마누엘 칸트, 『순수이성비판』, 정명오 옮김, 동서문화사
장 자크 루소, 『고독한 산책자의 몽상』, 문경자 옮김, 문학동네
장 자크 루소, 『에밀』, 황성원·고봉만 옮김, 책세상
장 폴 사르트르, 『구토』, 임호경 옮김, 문예출판사
장 폴 사르트르, 『존재와 무』, 변광배 옮김, 민음사
전세라, 『비트겐슈타인의 논리철학논고』, 웅진지식하우스
정영도, 『칼 야스퍼스 읽기』, 세창출판사
정창영, 『바가바드 기타』, 무지개다리너머

정창영, 『우파디샤드』, 무지개다리너머
존 로크, 『인간지성론 1』, 주영현 옮김, 동서문화사
지그문트 바우만, 『고독을 잃어버린 시간』, 오윤성 옮김, 동녘
철학 아카데미, 『처음 읽는 프랑스 현대철학』, 동녘
카를로 로벨리, 『나 없이는 존재하지 않는 세상』, 김정훈 옮김, 샘앤파커스
카를로 로벨리, 『무엇도 홀로 존재하지 않는다』, 김정훈 옮김, 샘앤파커스
칼 포퍼, 『열린사회와 그 적들 1』, 이한구 옮김, 민음사
클로드 레비스트로스, 『레비스트로스의 인류학 강의』, 류재화 옮김, 문예출판사
프리드리히 니체, 『도덕의 계보』, 박찬국 옮김, 아카넷
프리드리히 니체, 『선악의 저편』, 박찬국 옮김, 아카넷
프리드리히 니체, 『우상의 황혼』, 루미너리북스
프리드리히 니체, 『짜라두짜는 이렇게 말했다』, 박성현 옮김, 심볼리쿠스
프리초프 카프라, 『현대 물리학과 동양사상』, 김용정 · 이성범 옮김, 범양사
한병철, 『서사의 위기』, 다산초당